LE VODOU HAÏTIEN
SANS MYSTIFICATION :
MYTHES, MYSTÈRES, MYSTIQUE

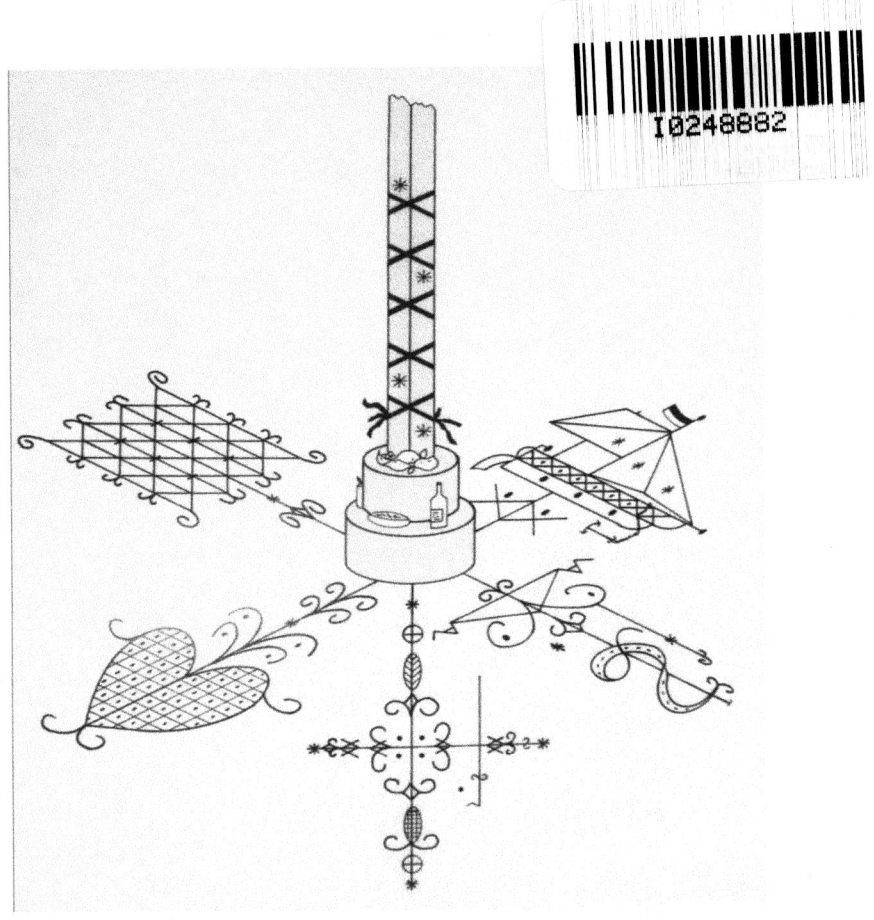

ÉTUDE ETHNO-DESCRIPTIVE
GÉRARD ALPHONSE FÉRÈRE, PH.D.

Couverture : 'Vèvè Wa Wangòl', peinture de Nancy T. Férère
Page de titre, 'Milokan', et dessins de 'Vèvè' : Nancy T. Férère
Mise en pages : Nancy T. Férère et Magali Férère
Assistance technique : Bito David

Troisième Édition
©2015 Tous droits réservés pour tous les pays

Gérard Alphonse Férère
20136 Ocean Key Drive
Boca Raton, FL 33498
Gernancy2@hotmail.com

Éditions PerleDesAntilles
ISBN-13:978-0692470244
ISBN-10:0692470247

TABLE DES MATIÈRES

Graphie de la terminologie du Vodou haïtien	7
Du même auteur	9
En guise de Préface	15
Préface de *Le Vodouisme haïtien*	17
Avant-Propos	19
Démystification	23
Les Mythes	23
Les Persécutions	27
Identité théologique	37
Les Croyances	37
Antécédents historiques	43
De l'Afrique à la Mecque américaine	43
Introduction du Christianisme	45
Structure contemporaine	47
'Hounfò' et 'sosyete hounfò'	47
Le Clergé	53
Initiations et vocation	55
Initiations 'hounsi bosal' et 'hounsi kanzo'	55
Vocation et prise d' 'ason'	60
La Liturgie	63
Les Services	63
Le Sacrifice et les offrandes	67
La Théomorphose	71

Généralités	71
Descriptions et hypothèses explicatives	75
Louis Mars	77
Louis Maximilien	80
Milo Rigaud	82
Alfred Métraux	85
René Benjamin	86
Quid novi ?	88
Rites et panthéon des 'Lwa'	91
Les Rites	91
Le Panthéon des 'Lwa'	92
Liste alphabétique de quelques 'Lwa'	93
Liste de 'Lwa' avec leurs caractéristiques	95
Syncrétisme et iconographie	105
Les Images	106
Liste de 'Lwa' et des saints correspondants	108
Les 'Vèvè'	109
Danse, musique, théâtre	117
Les Danses et la musique	117
Le Théâtre	120
Conclusion	123
Glossaire	129
Index des auteurs cités ou mentionnés	133
Bibliographie	135
Biographie de l'auteur	145

GRAPHIE OFFICIELLE DU CRÉOLE HAÏTIEN

L'orthographe officielle du créole haïtien est basée sur l'alphabet phonétique international créé en 1887, dont le principe est le suivant : « Un seul son par symbole, un seul symbole par son ». Chaque lettre a une seule prononciation. Il n'y a pas de lettres muettes. Ci-après, un résumé des règles et symboles de cette graphie.

Symboles	Explication de la prononciation
Voyelles orales : a, o, i, ou	Comme en français.
e	Comme « é » accent aigu.
è	Comme « è » accent grave.
ò	Comme dans « or » en français.

L'accent grave sert à ouvrir les voyelles. Exemples : 'o' fermé de 'tôt', avec l'accent grave devient 'ò' ouvert de 'tort' ; 'e' fermé de 'thé', avec l'accent grave devient 'è' ouvert de 'terre'.
Il n'y a pas d'accent aigu.

Semi-voyelle : ui	Comme dans « lui » français.

La nasalisation des voyelles se fait par la postposition de la lettre 'n' qui, dans ce cas, ne se prononce pas séparément.

Voyelles nasales : an, on	Comme en français.
en	Comme dans « bien » en français.
oun	Nasale d'origine africaine. Ex. : houngan, hounsi.

Pour le refus de nasalisation, c'est-à-dire pour prononcer la lettre 'n' séparément après une voyelle sans nasaliser la voyelle, on met l'accent grave sur la voyelle. Exemples :
'Jan' créole, en français « Jean », avec l'accent grave on a 'Jàn' créole, en français « Jeanne » ; 'bon', créole, en français « bon », avec l'accent grave on a 'bòn' créole, en français « bonne ».

Pour nasaliser la voyelle et en même temps prononcer la lettre 'n', il faut répéter celle-ci. Exemples : kodenn, kabann, ponn.

Consonnes : b, ch, d, f, j, k, l	Comme en français.
m, n, p, t, v, z	Comme en français.
h	Très aspiré : houngan, hounsi.
g	Guttural seulement comme en français: gaga, goût.
r	Fronto-palatal.
ng	Comme en anglais « sing ».

Les lettres 'y' et 'w' sont employées soit comme consonnes, soit comme semi-voyelles, et aussi pour empêcher la rencontre de deux voyelles. Exemples : wa, wotè, wi, pwa, bwè, ayisyen, pyas, yè, yonn.

Remarquez l'absence de 'q', 'qu', et 'ch' guttural remplacés par 'k', et celle de 'c' remplacé soit par 'k', soit par 's'.

La lettre 'x' est remplacée par les digrammes 'ks' ou 'gz'. Exemples : taks, Meksik, refleksyon ; egzamen, egzèsis.

Le digramme 'dj', se prononce comme 'j' de « John » en anglais. Exemples : djondjon, djakout, djòl.

Le trigramme 'tch', se prononce comme 'ch' de « chair » en anglais. Exemples : tchatcha, tchonnèl', 'tchoul.

Il est permis d'écrire les noms propres soit en créole, soit dans la langue originale. Exemples : Pòtoprens ou Port-au-Prince, Nouyòk ou New York, Moris ou Maurice.

On emploie le tiret - pour les mots composés tels que natif-natal, kanyan-kanyan, bale-wouze, wete-chapo.

En général, la pluralisation des noms s'opère par la postposition de l'article défini pluriel 'yo', ou par l'emploi de chiffres cardinaux, ou de quantitatifs placés avant le nom. Exemples : tab la, tab yo ; zanmi an, zanmi yo ; 2 tab, 2 zanmi ; anpil tab, plizye zanmi.

Il reste entendu que ce résumé est destiné aux francophones et n'est pas censé inclure toutes les règles graphiques du créole.

DU MÊME AUTEUR

Haitian Creole: Sound-System, Form-Classes, Texts
Thèse de doctorat
University of Pennsylvania, Philadelphie.
ERIC Center for Applied Linguistics, Washington, D.C.

What is Haitian Vodou?
Saint Joseph's University Press, Philadelphie.

Le Vodouisme haïtien / Haitian Vodouism
Edition bilingue
Saint Joseph's University Press, Philadelphie.

Le Vodou au troisième millénaire
Co-auteur. Collectif dirigé par Frantz-Antoine Leconte
Les Éditions du Cidhica, Canada.

En Grandissant sous Duvalier : L'Agonie d'un État-Nation
Co-auteur. Collectif dirigé par Frantz-Antoine Leconte
Collection Marrons du savoir, France.

1492 : Le Viol du Nouveau Monde
Co-auteur. Collectif dirigé par Frantz-Antoine Leconte
Les Éditions du Cidhica, Canada.

Haitian Vodou : Its True Face
Caribbean Quarterly
University of the West Indies, Jamaica.

Identité théologique du Vodou
Express Magazine, Miami.

Le Vodouisme haïtien : survivance ou disparition
La Voix d'Haïti, New York.

Haitian Vodou and Haitian Catholicism
Latin American Conference
Saint Joseph's University and Temple University, Philadelphia.

Coexistence diglossique en Haïti
Haïti-Observateur, New York.

Diglossia in Haiti : A Comparison with Paraguayan Bilingualism
Caribbean Quarterly
University of the West Indies, Jamaica.

Affricates in Haitian Creole: a New Solution
Co-auteur avec Bruce Lee Johnson
Journal of the International Phonetic Association.

Neglected front-rounded phonemes of Haitian Creole
Co-auteur avec Bruce Lee Johnson
Journal of the International Phonetic Association.

Haitian Creole Surface Phonology
Co-auteur avec Bruce Lee Johnson
Journal of the International Phonetic Association.

The English Relexification of Haitian Creole in the U.S.
National Conference of Black Sociologists
San Francisco, CA.

Orthographe du Créole haïtien
Haïti Observateur, New York.

Créole et français en Haïti
Le Courrier d'Haïti, New York.

Nationalité Haïtienne
Express Magazine, Miami

Le Rétablissement de la Traite des Noirs
Haïti-Tribune, New York.

L'Esclavage des Haïtiens en Dominicanie
Haïti-Tribune, New York.

DÉDICACE

Au 'Potomitan' de ma vie,
Toi, ma Nancy chérie
qui partages avec moi le même 'Lakou'
et qui es plus que mon tout.

Aux quatre coins de notre 'kalfou',
nos filles Magali et Rachel
et nos petits-enfants
Tasha-Nanci et Christopher-Gerard.

IN MEMORIAM

À mon père,
L'éducateur extraordinaire
Alphonse Murville-Férère,
Et à ma maman Andrée,
Merci d'avoir fait de moi
Celui que je suis,
Dans notre foyer familial
Dès ma plus tendre enfance,
Vous avez su allumer
En mon âme
La flamme de l'amour
De notre chère Patrie,
Flamme qui ne s'éteindra jamais,
Car elle est éternelle
Comme votre mémoire dans mon cœur.

EN GUISE DE PRÉFACE

Poème de Nancy Turnier-Férère, tiré de son recueil

CHANTS DE RÊVES CRIS D'ESPOIR

Mon cœur est libre
Libre pour abriter
Tes désirs sauvages
En harmonie
Encore plus libre
Pour accueillir tes sons
Rythmés 'rasin'
Parés à accorder
Les gammes vibrantes
D'un amour clandestin
Mon cœur est toujours libre
Libre de satisfaire
Les désirs brûlants des 'Lwa'
En alliance avec les nôtres
Nous écoutons les notes tendres
D'une composition
D'un chant 'Yanvalou' d'amour
Cadeau de nos ancêtres
Tu m'accompagnes dans mes danses
Tu me couvres de guirlandes
De fleurs d'oranger
Tu traces tes 'Vèvè Èzili'
Partout où ça te plaît
Nos cœurs sont libres
Libres de conquérir
Les désirs charmeurs
Qui serpentent nos corps
Notre amour est consommé
C'est l'accord libre
C'est l'extase parfaite
L'enivrement accompli

Des ''Lwa'' qui chevauchent
Juste pour nous plaire
À la belle étoile

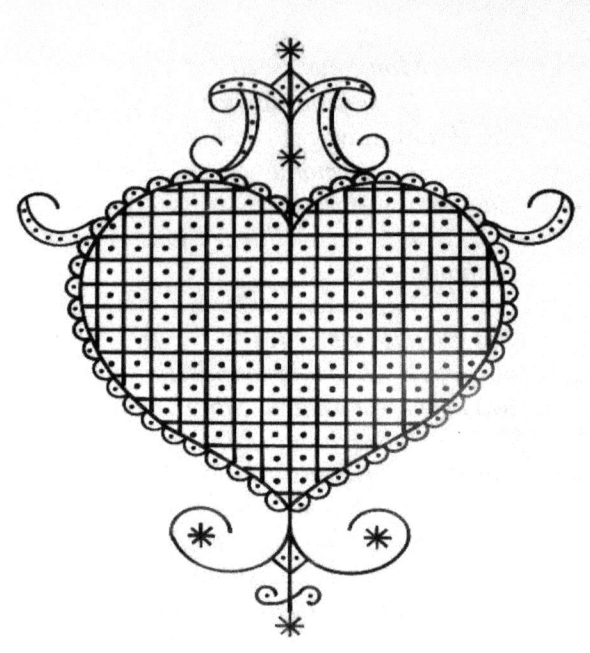

Èzili Freda Danwonmen
'Lwa' de l'amour

PRÉFACE DE

LE VODOUISME HAÏTIEN/HAITIAN VODOUISM
(1989)
En hommage posthume à son auteur
Docteur Yves J. Jérôme

Le *Vodouisme Haïtien*, c'est une nouvelle initiative patriotique de notre ami, le docteur Gérard Alphonse Férère. Banni de la terre natale par la violence et l'arbitraire de la dictature des Duvalier, Férère a emporté avec lui, sur le sol aride de l'exil, la culture haïtienne jusqu'à ses racines les plus profondes. Par ses gestes et son comportement empreints du nationalisme le plus vibrant, il n'a jamais cessé de mettre en valeur les trésors de notre terroir, en les arborant tant pour les Haïtiens d'outremer que pour nos hôtes étrangers.

Notre peuple héroïque, guidé par le génie le plus extraordinaire, à travers trois siècles d'épreuves et de luttes, a libéré toute une race, imposé l'abolition de l'esclavage, fait baisser l'échine à la plus grande puissance mondiale des XVIIIème et XIXème Siècles, créé sa nation haïtienne, sa langue haïtienne, sa religion haïtienne.

L'ouvrage du docteur Férère n'est pas tout juste un étalage de nos richesses culturelles, folkloriques et religieuses. Il contient un message clair, simple, incisif, comme une constatation : la religion Vodou demeure au centre de notre existence, de notre essence, de notre conscience nationale, et a droit à notre compréhension et à notre respect.

Les dieux de l'Afrique n'abandonnèrent pas leurs fils et filles victimes de la Traite des Noirs. Avec nos aïeux, ils vécurent tous les malheurs des 300 millions d'enchaînés ; avec eux, ils souffrirent dans les cales infectes des bateaux négriers ; avec eux, ils furent soumis aux labeurs les plus durs, aux traitements les plus humiliants de l'esclavage ;

avec eux, ils labourèrent et arrosèrent de leur sang le sol de Saint-Domingue ; avec eux, ils célébrèrent la victoire de 1804 et l'abolition de l'esclavage de la face de la terre !

Les dieux Vodou combattirent à côté du dernier Arawak et armèrent le premier marron ; ils inspirèrent nos ancêtres, Jean-François, Makandal, Boukman, Toussaint Louverture, Vincent Ogé, Jean-Baptiste Chavannes, Jean-Jacques Dessalines, Henry Christophe, Alexandre Pétion, Capois La Mort, etc. Et dans leur noblesse, ils firent asseoir à côté d'eux le Jésus des chrétiens qui prononça le Sermon sur la montagne. Le peuple haïtien n'a pas oublié ses 'Lwa' qui accompagnèrent ses ancêtres jusqu'en Amérique. Dans les 'hounfò' de nos villes et campagnes, on peut sentir toute la force de leur souffle. Aujourd'hui, le Vodouisme est encore sa religion majoritaire. Dans les rites, les cérémonies et les services s'entrelacent les chaînes des luttes de nos pères, de leurs cris de ralliement, de leurs victoires passées, et l'espoir de nos victoires à venir.

Avec *Le Vodouisme Haïtien*, le docteur Férère nous invite à prendre conscience de notre existence comme maillon de ces chaînes, tout en nous présentant le vrai visage de notre belle tradition africaine. Nous nous sentons fiers de cet ouvrage qui faisait tellement besoin aux profanes, aux curieux, aux étudiants, aux chercheurs, et qui s'annonce comme un classique. Nous sommes fiers de l'auteur.

Yves J. Jérôme, Docteur en médecine

AVANT-PROPOS

Nous avons le privilège d'offrir cette étude aux lecteurs grâce à la suggestion de nombreux amis qui connaissent notre ouvrage bilingue, *Le Vodouisme haïtien Haitian Vodouism* publié il y a déjà plusieurs années et dont l'inventaire est épuisé. Retrouvés ici seront des extraits tirés de ce livre, ainsi que de *Vèvè : Art rituel du Vodou haïtien/ Ritual Art of Haitian Vodou / Arte ritual del vodú haitiano*, livre-album de Nancy Turnier-Férère. Le but de ce nouvel ouvrage est le même : contribuer à une plus bienveillante diffusion et une meilleure compréhension des croyances religieuses haïtiennes héritées de Mère Afrique, trop souvent mal comprises, mal interprétées et injustement calomniées.

Notre intérêt à étudier notre Vodou ancestral date des années cinquante, quand des circonstances favorables nous permirent d'observer *in situ* pas mal d'aspects d'une si importante composante de notre culture nationale. Grâce en partie à l'uniforme militaire que nous portions à ce temps-là et qui nous ouvrait les portes de bien des temples de Bizoton et des villes de la côte où nous allions en mission, nous avons pu jouir de privilèges réservés aux adeptes, comme par exemple, celui de visiter l'intérieur des 'hounfò'. Nous nous sommes rendu compte du mal-fondé de la mentalité de certains milieux de notre pays, de leurs préjugés, leurs idées préconçues, qui leur font voir le Vodou sous un visage dont ils rougissent.

En réalité, un tel visage est faux : le Vodou n'est pas moins une religion légitime que les autres qui existent dans le monde, et ses aspects mythologiques ne sont ni moins enchanteurs, ni moins précieux que les mythologies gréco-romaines qu'on martèle dans les cerveaux de nos écoliers, sous l'égide d'un système scolaire désuet qui ignore notre propre culture. On leur apprend : « Mars, dieu de la guerre, et Pluton, dieu de la mort » ; pourquoi pas 'Ogou' 'Lwa' de la guerre et 'Gede Nibo', 'Lwa' de la mort ?

Notre intérêt à approfondir notre connaissance du Vodou s'est accru quand, après notre arrivée aux États-Unis, nous avons été introduit aux sciences ethnolinguistiques et anthropologiques. Nous avons alors décidé de nous mettre à la tâche et de combattre ces attitudes négatives. Nous nous sommes familiarisé avec les ouvrages et les découvertes des grands pionniers et chercheurs, hommes et femmes de lettres et de science à qui nous rendons humblement hommage: les Jean Price-Mars, J.C. Dorsainvil, Jacques Roumain, Alfred Métraux, Lorimer Denis, Louis Mars, Louis Maximilien, Milo Rigaud, Milo Marcelin, etc. Aujourd'hui le champ s'est élargi avec les Max Beauvoir, Mathilde Beauvoir, Claude Planson, Emerson et Lamarque Douyon, Karen McCarthy Brown, Laënnec Hurbon, Leslie Desmangles, Lilas Desquiron, Michel Laguerre, Maximilien Laroche, René Benjamin, Patrick Bellegarde-Smith, Rachel Beauvoir Dominique, Yves Saint-Gérard, Déita, Marie-José Alcide Saint-Lot, Margaret Mitchell Armand, etc.

Loin de nous toute prétention que cette humble publication vienne émuler les œuvres de tant d'éminents chercheurs. Notre intention est seulement de mettre à la disposition des laïques, des étudiants, des curieux, un résumé simple qui leur permette d'acquérir quelques notions de base sur la religion majoritaire de notre pays. J'espère qu'une fois acquises, elles leur permettront de mieux comprendre et apprécier la religion et le folklore Vodou, et de les défendre contre leurs détracteurs. Certains étrangers auront toujours leurs raisons de dénigrer notre chère Haïti, notre Afrique transplantée, la première nation nègre indépendante du monde moderne, forgée dans le sang de nos ancêtres. Ils ont certes hérité leurs attitudes de leurs ancêtres à eux, les colons esclavagistes.

Qu'il nous soit permis de rendre un ultime hommage posthume à notre regretté mentor et ami, René Benjamin, auteur de *Introspection dans l'inconnu* de qui nous avons tant appris. L'occasion nous fut offerte de le rencontrer au cours de ces nombreuses démarches patriotiques de la diaspora contre la dictature duvaliérienne auxquelles il ne manquait jamais de s'associer.

Benjamin a guidé notre plume quand elle était à ses premiers essais. En effet, après lui avoir présenté un petit manuscrit en anglais que nous avions rédigé, il accepta de bonne grâce de le lire, et nous encouragea à le publier sous le titre *What is Haitian Vodou?* C'est bien grâce à sa bienveillance, son encouragement, et aux connaissances acquises de lui que nous avons pu, à la suite, écrire notre ouvrage bilingue *Le Vodouisme haïtien Haitian Vodouism*. Nous avons été l'objet d'un grand honneur de sa part quand il nous a invité à écrire la préface de la deuxième édition d'*Introspection dans l'inconnu*. Brillant intellectuel, homme simple dénué de toute arrogance intellectuelle, Benjamin était aussi doué d'un patriotisme ardent. L'un des derniers gestes de sa vie en est la preuve. En effet, en 1990, tandis qu'il se trouvait à Miami, il fut frappé d'une crise cardiaque. Que de laisser la science médicale américaine essayer de lui prolonger des jours probablement tristes en exil, et risquer de ne plus revoir sa terre natale d'où il avait été banni par la dictature, il décida plutôt d'y retourner y rendre l'âme. Nous nous découvrons devant ce geste stoïque, dernier salut à sa patrie qu'il aimait charnellement. R.I.P.

Notre formation académique étant dans les sciences sociales, notre méthodologie tout au long de cette étude sera ethno-descriptive, non pas théologique ou psycho-médicale.

Qui dit « Haïti » pense Vaudoux.
C'est un fait devant lequel on doit
se contenter d'émettre une vaine protestation.
Jean Comhaire

DÉMYSTIFICATION

LES MYTHES

Le Vodou a été, à travers les années, la victime d'écrivassiers, de cinéastes avides de sensationnel, de gens mal informés ou ouvertement de mauvaise foi, et de bigots qui l'ont dépeint comme un amas hétéroclite de rites sataniques, de cérémonies maléfiques, de cannibalisme, de sacrifices humains, de morts mystérieuses, etc. Au seuil du XXIème Siècle, il confronte encore l'incompréhension de pas mal d'Haïtiens et d'étrangers.

Rien de plus faux que ces contes bizarres qui n'ont rien à voir avec le Vodou propagés par des ignorants. C'est à ceux-ci que nous devons la popularité à l'étranger comme en Haïti, de racontars et de légendes auxquels on attribue à tort des origines haïtiennes: les histoires de loup-garou, de personnes transformées en animaux et vendues au marché, de sacrifices humains, de déterrement de cadavres, de zombis, d'envoûtement, de magie noire, d'associations de malfaiteurs, etc. La sorcellerie, les actes maléfiques, les sortilèges de toutes sortes existent dans le monde entier, et Haïti n'en a guère le monopole.

En ce qui concerne le mythe zombi en particulier, c'est dommage que certains chercheurs et écrivains, dont nous ne doutons pas de l'honnêteté aient accordé de la crédibilité à une prétendue mystique zombi, comme par exemple l'américain Wade Davis. Au lieu de s'appuyer sur des faits et des données crédibles, ils se sont laissés duper par les fabrications d'informateurs mercenaires qui ont fait de leur mieux pour justifier leur rémunération. Soyons clair là-dessus : « La mystique zombi est une mystification », comme l'a si bien dit le docteur Yves Saint-Gérard au cours d'une conférence à New York.

Il est très important d'ajouter que bon nombre de croyances fantasques populaires en Haïti ont leur vraie origine dans les campagnes de l'Europe: les contes de loup-garou ou de vampire, les possessions dites sataniques, le culte du diable, les messes dites noires, etc., tout ça fait plutôt partie du fatras superstitieux européen et a été importé en Haïti par les colons. Il en est ainsi de la légende du 'Vodou doll' dont raffolent tant les étrangers, comme le rapporte René Benjamin:

> *Bien des pratiques que l'on prête aux Haïtiens n'ont pas, en effet, leur origine en Haïti même. Par exemple, l'Américain moyen demande sans cesse aux aux immigrants haïtiens s'ils croient encore aux 'voodoo dolls and pins'. Ce qui semble impliquer l'origine haïtienne de la figurine. Or, il suffit de lire l'histoire de France pour savoir que la figurine, en cire ou en bois, que l'on transperçait d'une aiguille avec l'intention de tuer le roi ou toute autre personne, était en usage même avant la découverte d'Haïti ... Au fait, c'est le Signore Cosimo Ruggieri de Florence, un protégé de Catherine de Médicis, qui rendit cette pratique populaire à la Cour de France, bien qu'elle fût déjà chose courante en Europe depuis le 13ème Siècle.*
> (Benjamin 1976:18).

Ati Max Beauvoir est bien placé pour répondre à ce genre d'accusations gratuites. Ci-après, un extrait d'une interview-vidéo qu'il a eu à accorder à Mme Camille Lownds Benedict, pour Fama II Productions en 1988. Nous devons la possession de ce document à l'amabilité de Mme Benedict elle-même:

Nous ne nous installons pas dans des coins ténébreux avec des poupées sur les genoux, en train de les transpercer avec des aiguilles. Nous ne nous livrons pas à ce genre de besogne. Je m'imagine que ces histoires ont été propagées par les producteurs de cinéma américains de

Hollywood, je suppose. Eux, ce qui les intéresse surtout, c'est de vendre leurs films. C'est ce métier qu'ils ont appris. Mais leur comportement constitue une grave injustice envers nous les Haïtiens, injustice envers Haïti, injustice envers le Vodou.
(Beauvoir 1988, notre traduction de l'anglais).

Voici un autre exemple du peu de respect qu'attache le monde blanc à la religion Vodou. M. George H.W. Bush, pendant sa campagne pour la présidence des États-Unis, voulant passer en dérision la politique économique préconisée par son rival Ronald Reagan, la qualifia de « voodoo economics ». Imaginez le tollé et l'indignation du peuple américain, pour ne pas dire du monde blanc tout entier, si Monsieur Bush avait eu à dire « protestant economics » ou « jewish economics ».

Le Vodou a été victime de tant de pseudo-théories et de propagandes calomnieuses qu'on ne peut plus les compter. Certaines sont basées sur le racisme et de faux arguments préconisant l'inégalité des races humaines, d'autres servaient, du temps de la Traite des Noirs, à justifier l'esclavage, la colonisation, et la domination culturelle, économique et politique. Pour le blanc, les nègres n'étaient alors, pas des êtres humains complets, seulement les trois-cinquièmes, et leurs religions n'étaient que de la sorcellerie ou de la magie. Trop nombreux sont ceux qui ont accepté et qui claironnent aujourd'hui encore, la notion combien erronée que les pratiques magiques sont d'origine africaine. La fausseté d'une telle assertion est affirmée par Métraux:

> *... à force de parler d'Afrique, on oublie la France dont la contribution à la magie et à la sorcellerie haïtiennes est loin d'être négligeable. Un très grand nombre de croyances et de pratiques, soi-disant africaine ont une origine normande, picarde ou limousine.*
> (Métraux 1958: 239).

Nul ne saurait nier la présence dans le Vodou de croyances magiques ou superstitieuses. Mais n'est-ce pas bien là, en somme, un trait universel de toutes les religions ? Pierre Mabille, médecin et ethnologue français qui vécut de nombreuses années en Haïti soutient ce point de vue:

> *Toute religion utilise les moyens magiques, la magie étant l'affirmation que certains gestes et certaines paroles sont efficaces pour mettre l'individu en accord avec les plans supérieurs et, par l'intermédiaire de ceux-ci, modifier l'ordre naturel des événements.*
> (Dans: Maximilien 1945, Préface, page xv).

Ainsi donc, on a trop souvent associé la magie maléfique au Vodou quand, en fait, le Vodou n'est pas la magie et la magie n'est pas le Vodou. Que des vodouistes la pratiquent, et que certains 'bòkò' en aient fait leur pratique habituelle, nous n'en disconvenons pas. Mais à travers le monde entier, des adeptes d'autres religions se livrent à des pratiques magiques semblables, sans toutefois pour cela que leurs cultes soient assimilés à des rites occultistes ou maléfiques.

LES PERSÉCUTIONS

*La persécution est une mauvaise et indirecte
manière de planter la religion.*
Sir Thomas Browne

En de maintes occasions, les églises chrétiennes d'Haïti, avec le support des gouvernements, sous prétexte de combattre les pratiques qu'elles considéraient magiques, « d'extirper l'idolâtrie et de convertir la population », se sont acharnées à persécuter le Vodou. Par exemple, en 1860, le Concordat venait à peine d'être signé que le Président Geffrard et les nouveaux inquisiteurs de Rome se lancèrent dans une campagne virulente contre le Vodou.

On rapporte que Geffrard fréquentait le bien connu 'hounfò' de Souvenance, et y avait signé un pacte avec les 'Lwa' pour se protéger contre son adversaire politique Faustin Soulouque. Plus tard, quand il est devenu chef d'état, il aurait trahi les 'Lwa', en ne respectant pas les promesses qu'il leur avait faites, et en ordonnant la fermeture de tous les 'hounfò' du pays. Il ne se contenta pas de fermer les 'hounfò', il décréta aussi la persécution individuelle des vodouisants en invoquant l'article 405 du code pénal de 1835 dont voici le libellé :

> *Article 405. Tous faiseurs de ouangas, caprelata, vaudou, donpèdres, macandals et autres sortilèges seront punis de trois à six mois d'emprisonnement et d'une amende de soixante à cent-cinquante gourdes, sans préjudices des peines plus fortes qu'ils encourraient à raison des délits ou crimes par eux commis pour préparer ou accomplir leurs maléfices*

Plusieurs questions se posent quant à la motivation du Président. Était-ce sa façon à lui de se protéger contre les

'Lwa' trahis, quand il a fait venir les curés de Rome? Ou bien, comme catholique, voulait-il débarrasser le pays de la horde d'indésirables en soutane qui était venue s'y établir après l'indépendance ? D'après Monseigneur I. Le Ruzic, elle était composée :

> ... de moines défroqués, italiens, espagnols, corses, américains du sud et de séculiers français chassés de leurs diocèses ... Plusieurs de ces aventuriers ont été condamnés à des peines infamantes et ont fui leur patrie pour échapper à la justice ...

(Le Ruzic 1912 : 191).

Ou encore, la persécution du Vodou était-elle une condition imposée par le Vatican à qui le Concordat, accordait, en fait, les pouvoirs d'une dictature religieuse ?

En 1941, le président Elie Lescot, à l'instar de Geffrard, s'allia à l'église catholique, et ensemble ils se lancèrent dans une véritable chasse au démon, une campagne dite antisuperstitieuse, connue populairement sous le nom de « campagne rejeter ». Leur but était l'éradication finale du Vodou. Il s'agissait d'anéantir la religion dans toutes ses formes une fois pour toutes, démolir ses temples, détruire tout ce qui pouvait la rappeler, emprisonner ses prêtres et fidèles s'ils refusaient de coopérer. En outre, les vodouisants devaient prêter un serment dans lequel ils renonçaient à leurs 'Lwa' et juraient fidélité au Dieu des chrétiens. Le clergé catholique rédigea et distribua un catéchisme dans lequel il ne laissait aucun doute sur son sectarisme, son hostilité, et son obsession avec son propre Satan. À cette époque, nous étions jeune 'croisé' à la Cathédrale de Port-au-Prince, sous la direction du bon et bien-aimé 'cher frère' Lucidas, et nous avons pu voir une copie de ce catéchisme. En voici quelques extraits reproduits par Métraux :

Q : Qui est le principal esclave de Satan ?
R : C'est le houngan.

Q : Quel est le nom que les houngans donnent à Satan ?
R : Loas, anges, saints, marassa.
Q : Comment les gens servent-ils Satan ?
R : En pêchant, en faisant des maléfices, de la magie, des « mangers loas », des « mangers les anges », des « mangers marassa ».
Q : Qu'est-ce qu'un loa ?
R : Un loa est un mauvais ange qui s'est révolté contre le Bon Dieu et qui, pour cela, est enfer.
Q : Avons-nous le droit de nous mêler des affaires des esclaves de Satan ?
R : Non, parce que ce sont des malfaiteurs, ce sont des menteurs comme Satan.
(Métraux 1958 : 299).

Ce serment dit « antisuperstitieux », un des aspects les plus humiliants de la campagne, était exigé pour l'obtention de la « carte de rejeter » qui certifiait que le porteur avait renoncé au Vodou, au démon et à ses agents, document sans lequel personne ne pouvait recevoir les sacrements. Aussi longtemps que cette formalité n'était imposée qu'à la paysannerie et au prolétariat, il n'y eut pas de protestations, excepté de citoyens tels que Jacques Roumain et Lorimer Denis. Mais quand on essaya de le réclamer des grands et petits bourgeois des villes, ceux-ci en furent outrés : comment osait-on les soupçonner, eux, de pratiquer le Vodou ? Leur mécontentement amorça une crise politique qui menaça la stabilité du gouvernement Lescot.

Jean-Marie Salgado, prêtre haïtien de l'époque de la campagne, s'est assuré une place spéciale dans les annales anti-Vodou par sa fameuse condamnation *urbi et orbi* de tous ceux qu'il appela des « pêcheurs publics » :

> *Il est clair que tous ceux qui, au su de toute une paroisse, prennent une part active au culte du vaudou, doivent*

> *être considérés comme 'ces pécheurs particulièrement scandaleux' connus sous le nom de pécheurs publics. Il s'agira des houngans, mambos et de leurs aides.*
> (Salgado. Université Pontificale).

D'après les dirigeants de l'Église catholique d'Haïti, il n'était nullement nécessaire d'investiguer, de poser des questions, d'observer les adeptes dans leur comportement, d'analyser leurs croyances avec bonne foi, d'aborder la situation du point de vue scientifique, social, voire religieux. Loin de là, ils avaient, arbitrairement, a priori, sans avoir eu besoin de chercher, trouvé la solution finale de ce qui était l'œuvre du démon. C'est ainsi qu'ils arrivèrent purement et simplement à conclure, *ex cathedra,* que le vodouisant en transe était possédé par le Satan d'eux-mêmes les chrétiens.

Lescot, tout comme Geffrard, justifia son action en prétextant, à sa façon, l'application du Décret-loi du 5 septembre 1935 interdisant les soi-disant « pratiques superstitieuses » et promulgué par son prédécesseur, Sténio Vincent, exactement cent ans après l'entrée en vigueur de ce damné code pénal de 1835. En voici l'Article 1er :

> *Article 1er: sont considérées comme pratiques superstitieuses : 1) les cérémonies, rites, danses et réunions au cours desquels se pratiquent , en offrande à de prétendues divinités des sacrifices de bétail ou de volaille; 2) le fait d'exploiter le public en faisant accroire que, par des moyens occultes, il est possible d'arriver, soit à améliorer la situation de fortune d'un individu, soit à guérir d'un mal quelconque, par des procédés ignorés par la science médicale ; 3) le fait d'avoir en sa demeure des objets cabalistiques servant à exploiter la crédulité ou la naïveté du public.*
> (Code pénal. Annotation Pierre-Louis : 171).

Notez bien l'absence du mot « Vodou » dans cette liste si bien détaillée de tous les crimes et délits condamnés comme *pratiques superstitieuses,* sans doute une astuce malicieuse du faux populiste Vincent pour qu'on ne lui attachât pas l'étiquette de persécuteur de religion.

D'après Milo Rigaud, Lescot était *un persécuteur invétéré du vaudou. Sa présidence fut déplorable, et il fut lamentablement chassé par le peuple exaspéré.* Il semble que le jeu politique du président dont l'une des réalisations favorites fut la consécration du pays à Notre-Dame du Perpétuel Secours, était fondé sur sa complète ignorance de ce que représentaient vraiment les pratiques de la religion Vodou, ce qui l'aurait porté à croire qu'elles étaient une entrave à l'évolution spirituelle, au bien-être social et économique des citoyens, et une entache au prestige de la nation, et qu'il fallait la réduire en cendres. Littéralement ! Ainsi donc, les dirigeants du clergé catholique ne limitèrent pas leur *modus operandi* à la torture mentale et au lavage de cerveau. Secondés par les agents civils et militaires du gouvernement, les prêtres et leurs acolytes envahirent, saccagèrent et pillèrent les 'hounfò' et les maisons privées des paysans. Toutes les protestations des ethnologues se heurtèrent à de sourdes oreilles, et les prêtres dans leur rage et leur fureur iconoclaste, brûlaient et détruisaient les mêmes images de saints qu'ils offraient à la dévotion des catholiques dans leurs temples.

Dans les cours des églises et presbytères, un peu partout, on pouvait voir les sacrés bûchers où brûlaient triomphalement de nombreux objets du culte, de vrais trésors artistiques et religieux : 'ason', 'asen', vêtements, statues, peintures, vases, foulards, chapeaux, décorations drapeaux, tambours et autres instruments de musique, etc., toute une richesse culturelle à jamais disparue. Tout cela se faisait *manu militari,* parce que le Président de la République lui-même avait donné des ordres pour que son armée supporte les actions de l'église, comme le rapporte Milo Rigaud :

> *Elie Lescot, président d'Haïti, imagina de donner un surcroît d'intensification à la lutte religieuse entre le oum'phor haïtien et l'église romaine : il met soudain sa garde présidentielle au service armé de l'église de Rome qui traque les vodouisants jusque dans leurs maisons privées, raflant tous les objets culturels que ses curés pouvaient trouver.*

(Rigaud 1953 : 42-43).

La campagne aboutit à des résultats désastreux. Aux tortures mentales et humiliations infligées aux adeptes, s'ajoutait la destruction de tout ce qui avait un rapport quelconque avec la religion, causant des torts irréparables au pays, matériellement, psychologiquement, moralement. À tous ceux qui se demanderaient pourquoi donc tant de violence, Jacques Stéphen Alexis répond :

> *Pendant près d'un siècle et demi, les prêtres catholiques s'étaient cassé les dents sur le roc de la foi Vaudou ! Oui, ils avaient perdu, jamais ils n'auraient le cœur du peuple. C'était parce qu'ils le savaient, parce que le peuple commençait à être fier de ses origines, de ses propres valeurs et à les opposer à l'idéologie verbeuse et mensongère es blancs chrétiens crucifieurs d'hommes qu'ils avaient décidé d'employer la violence.*

(Alexis 1957. 1986 : 174).

Comme sous Geffrard, le peuple se retrancha dans son stoïcisme habituel, car ces nouvelles douleurs n'étaient qu'un joyau de plus à la couronne du courage qu'il a toujours démontré face aux attaques contre sa foi.

En 1942, face à l'opposition organisée par certains secteurs sains de la nation, avec Roumain en tête, M. Lescot fut forcé d'enlever son support à la campagne, et l'église capitula. Roumain fut le défenseur le plus farouche du Vodou, de ses droits, et de ceux de ses adeptes. Loin d'être lui-même un homme religieux, ni vodouisant, ni chrétien, il était plutôt un grand patriote, un promoteur des droits de l'homme, et un citoyen universel qui a laissé ses empreintes dans le monde entier. Apôtre sans peur et sans reproches de la justice, il lutta toute sa vie et partout en faveur des opprimés. De son combat contre la campagne et sa défense de la religion Vodou et des droits de ses pratiquants, on retient particulièrement sa polémique avec le spiritain du Petit Séminaire Collège Saint Martial, le père Foisset, dans le journal de l'église catholique *La Phalange*, et la publication de ses essais : « Le Sacrifice du tambour Assotor », et « À Propos de la campagne antisuperstitieuse ».

Il nous a fallu attendre 183 ans après la déclaration de l'indépendance, et la pression politique des activistes vodouisants, pour que, en 1987, le Vodou soit reconnu comme religion nationale constitutionnellement, et que les lois et décret-lois contre lui soient abrogés. Parmi ceux-ci, certains articles d'un code pénal qui, en tout ou en partie, n'est rien d'autre qu'une adaptation quasi-plagiaire de législations françaises de l'époque napoléonienne.

Aujourd'hui, le clergé catholique, face à ses échecs précédents, a été forcé de devenir moins sectaire. Des messes avec des airs inspirés du Vodou sont chantées à l'église au son du tambour. Le Dieu des chrétiens y est appelé « Grand Maître », terme emprunté du Vodou où il est connu en créole comme 'Gran Mèt'. Pouvons-nous enfin espérer que révolus sont les temps où un prêtre catholique haïtien avait été critiqué pour avoir traduit « hosanna au plus haut des cieux » par *'abobo nan syèl la'*, parfaite traduction créole de cette acclamation de joie ?

Les efforts d'évangélisation catholique de nos jours semblent être inspirés par une stratégie basée sur un peu plus de respect pour la culture et la religion ancestrales. Les évêques et les prêtres sont encouragés à devenir plus utilitaristes, et à rechercher les aspects du Vodou dont ils peuvent se servir dans la pratique de leur ministère, en vue de s'attirer des adeptes. Ce n'est en fait qu'une sorte d'évangélisation indirecte, une façon de tirer profit du Vodou sans aliéner ses adeptes, sans donner l'impression de vouloir l'éliminer, mais sans toutefois laisser l'impression de le reconnaitre comme religion au même titre que la leur.

Bien que pour certains cette acceptation puisse avoir l'air d'une exploitation subreptice, Claude Souffrant, S.J., de son côté, manifeste son optimisme religieux nationaliste quand il affirme qu'une entente cordiale entre les deux religions est appelée à faire du bien au catholicisme haïtien :

> *C'est bien par ce mariage, cette fécondation mutuelle,* cet *enrichissement réciproque avec la culture ambiante, avec les hommes et les choses du cru, que le catholicisme, dans un pays, s'incarne, prend visage national.*
> (Souffrant 1969 : 16).

Le Pape Jean-Paul II a eu à exprimer son respect et sa tolérance des religions populaires, comme on peut le lire dans un article d'*Haïti-Observateur* daté d'octobre 1980 :

> *Au Brésil où il se trouve actuellement, le Pape Jean-Paul II a déclaré que les rites populaires tels que le Vodou dont un pays comme le Brésil a plusieurs millions d'adeptes, constituent un moyen de maintenir la religiosité des masses, mais doivent être purifiés de leurs superstitions et des éléments magiques. Dans la religion populaire, a-t-il ajouté, il y a toujours une soif de vérité à propos du sacré et du divin, et partant, il n'est pas nécessaire de la ridiculiser et de la détruire, mais on doit plutôt la cultiver. Les manifestations de la religion*

populaire, quand celle-ci est purifiée des antivaleurs des superstitions et de la magie, sont une forme providentielle de maintenir leur foi.
(*Haïti-Observateur*, juillet 1980).

En Haïti, des dénominations de toutes espèces, protestants, témoins de Jéhovah, mormons, trembleurs, 'levanjil', etc., ont envahi le pays et jouissent de la complète liberté garantie par la Constitution. Malgré celle-ci, un malaise persiste, car le Vodou demeure la cible des attaques tant des protestants traditionnels que des nouveaux venus, aidés par des milliers de fieffés hommes d'affaires haïtiens qui se sont affublés le titre de « pasteur », ordonnés on ne sait ni comment, ni quand, ni par qui. Les plus intolérants, ce sont les zélateurs et fanatiques des sectes américaines dites fondamentalistes, avec leurs agitateurs de la trempe des Pat Robertson et consorts qui voient le diable à tous les carrefours. Mais on peut espérer que de telles attitudes ne survivront pas aux tenants actuels dont l'espèce disparaît de plus en plus rapidement de la face de la terre.

*Que ceux qui allument des cierges en plein midi pour te célébrer
supportent ceux qui se contentent de la lumière du soleil ;
que ceux qui couvrent leur robe d'une toile blanche pour dire qu'il
faut t'aimer ne détestent pas ceux qui disent la même chose
sous un manteau de laine noire.*
Voltaire : *Prière à Dieu.*

IDENTITÉ THÉOLOGIQUE

LES CROYANCES

La croyance dans les êtres surnaturels constitue l'essence même de toutes les religions. Le christianisme, par exemple, a son Dieu, son Christ, ses saints, ses anges, ses dogmes, ses mystères, ses démons. Le Vodou, pas moins que les autres religions, a aussi son credo, sa structure, son panthéon d'êtres surnaturels : 'Mistè', 'Zanj', 'Espri', connus sous le nom de 'Lwa' généralement, certains avec leur représentation iconographique, images de saints, ou 'vèvè'. Le concept du diable, il l'a emprunté du christianisme. Il a ses rites, sa liturgie, ses prêtres ou 'houngan', ses prêtresses ou 'manbo', ses initiés ou 'hounsi', ses temples ou 'hounfò', ses rituels, ses cérémonies, etc., tout l'appareillage auquel on pourrait attendre d'une religion. L'identité théologique du Vodou est par conséquent claire, et on ne peut qu'être d'accord avec la réponse du docteur Yves Saint-Gérard:

> *À la question habituelle: magie ou religion, nous répondons sans ambages que le Vodou est une religion.*
> (Yves Saint-Gérard 1992:22).

Le docteur Reginald O. Crosley abonde dans le même sens :

> *Voodoo ou Vodou, comme on l'appelle en Haïti, est une religion provenant de notre 'alma mater', l'Afrique. C'est une religion très ancienne, à l'instar des traditions religieuses sumériennes, égyptiennes, hindoues, bouddhistes, amérindiennes, et les religions à mystères du monde gréco-romain.*
> (Crosley 2002 : 97).

Pour Ati Max Beauvoir, la mission du Vodou dépasse les frontières traditionnelles de la religion, c'est toute une culture, toute une civilisation :

> *Je crois que la meilleure définition qu'on puisse donner au Vodou serait de l'appeler tout simplement la tradition héritée des ancêtres des Haïtiens, c'est-à-dire les Africains, toutes les connaissances traditionnelles que possèdent les Haïtiens en ce qui a trait, soit à leur train de vie quotidien, soit à leurs activités sociales, soit à leurs rapports avec leurs prochains.*

(Beauvoir 1988). (Notre traduction de l'anglais).

Jean Price-Mars, bien avant Saint-Gérard, Crosley, et Beauvoir, écrivait :

> *Le Vodou est une religion parce que le culte dévolu à ses dieux réclame un corps sacerdotal hiérarchisé, une société de fidèles, des temples, des autels, des cérémonies, et enfin, toute une tradition orale qui n'est pas parvenue jusqu'à nous sans altération, mais grâce à laquelle se transmettent les parties essentielles de ce culte. Le Vodou est une religion parce que, à travers le fatras de légendes et la corruption des fables, on peut démêler une théologie, un système de représentation grâce auquel, primitivement, nos ancêtres africains s'expliquaient les phénomènes naturels qui gisent de façon latente à la base des croyances anarchiques sur lesquelles repose le catholicisme hybride de nos masses populaires.*

(Price-Mars 1928 : 31).

Grâce aux interventions de Price-Mars, la publication de son roman *Ainsi parla l'oncle*, l'apparition du Mouvement de la Négritude, et la fondation du Bureau National d'Ethnologie par Jacques Roumain, la culture, la religion et le folklore haïtiens en particulier, et les cultures noires en général obtinrent la reconnaissance de leur valeur et de leurs contributions à la civilisation. Des ethnologues et des intellectuels haïtiens commencèrent à s'engager dans des recherches sur le Vodou. Le Bureau et sa Revue offrirent aux écrivains, chercheurs, étudiants, curieux, etc., l'occasion et les moyens d'apprendre, et de partager les résultats de leurs enquêtes avec leurs collègues et le public. De plus en plus s'affirmait le droit du Vodou à son titre de religion, pas seulement de folklore, et surtout pas de magie ni de superstition. On commença à formaliser, autant que se pouvait, sa structure religieuse, son canon, sa théologie, son esthétique, sa morale, sa philosophie, sa musique, ses danses, un labeur de longue haleine qui se poursuit encore de nos jours. De nouveaux chercheurs se sont présentés sur la scène, et aujourd'hui, l'avenir de leurs travaux semble des plus prometteurs.

Price-Mars, dans la citation précédente, mentionne ce qu'il appelle *le catholicisme hybride de nos masses populaires,* conséquence évidente de l'influence du Vodou sur cette religion. En effet, des composantes fondamentales du Vodou dès le début de la colonisation et bien que loin des rives du Continent africain, ont fusionné avec des croyances catholiques, et vice-versa.

La puissance et l'autonomie des 'Lwa' peut porter à croire que le Vodou est polythéiste, quand en réalité il est monothéiste: il ne reconnaît qu'un seul Dieu. Remarquez que les mots du vocabulaire Vodou pour Dieu, 'Bondye', 'Gran Mèt', ne sont jamais employés par les vodouisants pour désigner les 'Lwa'. Ceux-ci ne sont pas des dieux individuels, mais plutôt les multiples représentants du seul Dieu. Ce mystère de la multiplicité de personnes sous l'autorité d'une seule entité se retrouve dans plusieurs religions, y compris le Christianisme. Il ne faut pas que les profanes qui se limiteraient à observer les cérémonies du 'hounfò' ou les cultes aux 'Lwa' dans leurs apparences superficielles, soient portés à croire que les contributions du catholicisme ne vont pas au-delà de la forme. Loin de là. Il s'agit bien d'un syncrétisme réel. Voici ce que dit Maximilien à ce sujet :

> *Les adeptes du Vodou en Haïti ont unifié, dans leur conception, les deux cultes: Vodou et Christianisme. Ils adorent quotidiennement le Dieu des chrétiens. Ils observent les rites de la religion chrétienne. Ils assistent à la messe et ils s'agenouillent dans les églises pour leurs prières et dévotions, comme tout bon chrétien. Ils ne se sentent pas sortir de leurs croyances vodouesques intégrées dans les pratiques religieuses du christianisme.*
> (Maximilien 1945: 5).

Le concept de « Dieu dans le Vodou » est explicite chez L. Hurbon :

> *Dieu apparaît comme le chef de voûte qui sous-entend tout le système des esprits et des saints catholiques correspondants, et à cet égard, il peut être difficilement distingué du Dieu du catholicisme, dans la mesure où celui-ci a toujours été présent dans la prédication, dans le catéchisme, dans les cantiques et les prières comme le créateur de l'univers, le créateur des anges et des saints préposés aux humains comme leurs gardiens et protecteurs.*
> (Hurbon 1972). Dans : *Haïti Culture*. Internet).

La croyance vodouesque en un Dieu suprême est aussi soulignée par Reginald Crosley :

> *Le code Vodou reconnaît la suprématie du Créateur, la sainteté du nom de Dieu, l'adoration de Dieu par l'intermédiaire des anges ou des Loa.*
> (Crosley 2002 : 119).

Il demeure certes indiscutable que depuis l'antiquité jusques aux temps modernes, l'homme a toujours manifesté sa croyance dans l'existence d'êtres surnaturels possesseurs de pouvoirs capables d'affecter sa vie. Pour certains, c'est de la religion, pour d'autres, des superstitions ou de la magie. Le choix de l'homme cultivé est clair en face des convictions religieuses : il doit faire montre de tolérance et de respect. C'est bien l'attitude qu'adopte et recommande Maximilien quand il écrit :

> *Dans le monde religieux ... trois attitudes peuvent être établies: une première qui est celle des gens qui considèrent toutes les religions comme un amas d'absurdités, ce serait inquiétant pour le genre humain; une deuxième est celle de ceux qui pensent que seule leur religion est vraie, et que les autres ne consistent qu'en une adoration d'idoles grossières, ce serait inquiétant pour eux-mêmes; et la troisième enfin, accorde de la dignité à toutes les religions. Cette dernière est la nôtre. Et devant le Vodou qui comporte les éléments d'une véritable religion, notre dis position est respectueuse.*
> (Maximilien 1945: xxviii).

*Afrique, j'ai gardé ta mémoire,
Afrique, tu es en moi
comme l'écharde dans la blessure.*
Jacques Roumain

ANTÉCÉDENTS HISTORIQUES

DE L'AFRIQUE À LA MECQUE AMÉRICAINE

Le Vodou est une religion plusieurs fois millénaire. On retrouve ses racines en Afrique bien longtemps avant l'avènement de l'ère chrétienne. En plus d'Haïti et de plusieurs pays d'Afrique, ses versions actuelles existent en en Amérique sous d'autres noms : Candomblé, Macumba et Umbanda au Brésil, Santería à Cuba et à Puerto Rico, Obeah à la Jamaïque, etc. Léon-François Hoffmann rapporte que dans certaines régions du Nouveau Monde :

> ... et particulièrement au Brésil, à Cuba et en Haïti, les esclaves et leurs descendants élaborèrent de véritables religions, amalgames d'éléments venus d'une part de différentes régions d'Afrique ... d'autre part, d'éléments empruntés au christianisme.
> (Hoffmann 1990 : 109).

Milo Rigaud postule ésotériquement que pendant la Traite des Noirs, les 'Lwa' tutélaires africains s'étaient embarqués avec leurs fidèles à bord des bateaux négriers, et à leur arrivée en Amérique, avaient établi leur Mecque en Haïti, et là ils révélèrent les grands mystères et les dogmes de la religion à leurs prophètes qui les propagèrent :

> La Traite des Noirs a donc comme curieuse conséquence morale non pas d'abrutir ses martyrs par leurs souffrances, mais plutôt d'exalter leur foi religieuse par une extension de cette foi dans leurs divinités vodouesques. Cette extension de foi a pour nouvelle conséquence importante l'extension des aires africaines du Voudou.
> (Rigaud 1953 : 34).

Chronologiquement, l'établissement du Vodou à Saint-Domingue a coïncidé avec l'arrivée des premiers Africains. Aussitôt débarqués, on procédait de suite à leur ségrégation linguistique, ce qui équivalait à une ségrégation religieuse :

> *Pendant longtemps les colons s'efforcèrent de les départager pour empêcher toute tentative de révolte, et s'assurer, au contraire, leur entière soumission. Au champ, les maîtres organisaient le travail de telle manière que dans chaque équipe, il ne s'en trouvât pas trop d'esclaves parlant le même dialecte.*
> (Benjamin 1976 : 156).

Les récits et documents de l'époque, tels que les ouvrages et témoignages de Descourtilz et Moreau de Saint-Méry, rapportent que parmi les nations et tribus africaines représentées à Saint-Domingue, on pouvait compter les Angolais, les Aradas, les Congolais, les Mahi, etc. Il semble toutefois que la majorité des Africains venait du Dahomey (Bénin) et du Nigéria. C'est ainsi qu'un grand nombre de termes du vocabulaire Vodou haïtien sont originaires de ces régions. Par exemple, le mot « Vodou » au Dahomey (Bénin), veut dire « divinité, esprit », et l'une des 'Lwa' les plus honorées en Haïti s'appelle 'Èzili Freda Danwonmen'.

Notre héritage religieux africain, en dépit de sa diversité géographique, linguistique et ethnique partageait, dès le début, des similarités qui ont permis sa coalescence en Amérique. C'est ainsi que de nombreuses divinités de l'Afrique qui arrivèrent à bord des vaisseaux négriers, il y a plus que quatre siècles, sont honorées de nos jours dans le Continent Noir et chez nous sous les mêmes vocables. D'après Métraux, 'Legba, Agasou, Agawou, Agwe Tawoyo, Ayida Wedo, Danmbala Wedo, Chango, Ogou, Azaka', etc., ont leurs temples dans les villes et villages du Togo, du Dahomey (Bénin) et du Nigéria.

INTRODUCTION DU CHRISTIANISME

Les Espagnols furent les premiers à introduire le catholicisme en Amérique. Du côté français, le 'Code noir' qui fut promulgué par Louis XIV en 1685 pour régir les affaires religieuses des colonies ordonna le baptême et l'évangélisation obligatoires des Africains. En effet, l'Article 2, se lit comme suit : *Tous les esclaves qui seront dans nos îles seront baptisés et instruits dans la religion catholique, apostolique, romaine.* Mais les colons, avec la complicité des autorités locales, surent contrecarrer facilement ces règlements, en concoctant expressément une pseudo-instruction religieuse vague et incomplète, car ce qu'ils redoutaient le plus c'étaient les conséquences mêmes de l'évangélisation, comme le rapporte Vaissières :

> *Les maîtres de Saint-Domingue, note un observateur, loin d'être fâchés de voir les esclaves vivre sans religion, s'en félicitaient au contraire, car ils ne voyaient dans la religion catholique que des sentiments d'égalité dont il est dangereux d'entretenir les esclaves.*
> (Vaissières 1909 : 213).

En outre, ils pensaient que les réunions dans les églises et les processions dans les rues procureraient aux Africains l'opportunité de se voir, de s'entendre pour organiser des révoltes. Leur unique` argument en faveur de l'évangélisation, c'était la mise en relief, à leur façon, de la valeur de « l'éducation chrétienne », en la représentant, souligne Métraux :

> *... comme le seul frein capable de contenir leur désir d'émancipation, car chacun ne peut se sanctifier*

> *qu'en remplissant les devoirs de son état dans la condition et la situation où la Providence l'a placé.*
> (Métraux 1958 : 27).

Ne reconnaissons-nous pas là ce même principe néo-platonicien adopté à travers tout l'occident chrétien, et que même de nos jours, certains osent encore invoquer ? Ne s'agit-il pas de la doctrine de domination d'après laquelle l'être humain ne peut s'assurer le salut qu'en acceptant les souffrances et sacrifices à lui imposés, de par sa condition même, parce que celle-ci est d'ordre divin ? N'est-ce pas bien au nom de cet ordre supérieur que des populations entières, autant que les femmes, ont été dominées et exploitées pendant des siècles ? Saint-Domingue et les autres colonies n'y firent pas exception.

Qu'on s'imagine donc la détresse et la confusion dans laquelle se trouvèrent les Africains transplantés sur une terre inconnue, plongés dans le milieu hostile de leurs bourreaux. Face à l'absence systématique et intentionnelle d'une sincère évangélisation, l'interdiction de toute forme de culte non approuvée par les lois coloniales, et ayant gardé dans leurs âmes leur vraie foi africaine, ils eurent recours à leurs propres religions : ils inventèrent un ingénieux subterfuge grâce auquel ils arrivèrent à offrir au maître l'apparence d'honorer les saints catholiques, quand il s'agissait plutôt de leurs divinités à eux. Ils prétendirent, par exemple, prier devant l'image de la Vierge Marie ou de Saint Pierre, quand ils s'adressaient vraiment à 'Èzili' et 'Legba', sujet que nous traitons avec plus de détails au chapitre sur l'iconographie.

STRUCTURE CONTEMPORAINE

'HOUNFÒ' et 'SOSYETE HOUNFO'

Les temples Vodou haïtien s'appellent 'hounfò', les prêtres, 'houngan' pour les hommes, 'manbo' pour les femmes, et les initiés 'hounsi'. Les 'hounfò' sont sous le contrôle des 'sosyete hounfò', associations confraternelles englobant plusieurs sanctuaires et dirigées par un président choisi parmi ses membres les plus prestigieux ou influents. Il doit détenir au moins le grade de 'hounsi kanzo' et avoir autant ou même plus de 'connaissances' qu'un 'houngan'. Selon Louis Maximilien, la 'sosyete' est composée :

> ... d'un président, d'un secrétaire, d'un trésorier, de deux confiances, de deux aide-confiances, d'un laplace et de son assistant, de deux porte-drapeaux, de deux remplaçants porte-drapeaux, de quatre ministres, de trois tambours, d'un ogantier et des hounsis.

(Maximilien : 24-25).

On pénètre dans l'aire du 'hounfò' par le 'pòtay', ou 'baryè', barrière physique ou symbolique gardée par 'Legba', le plus grand de tous les 'Lwa', maître des foyers et des chemins. Le 'hounfò', en ce qui a trait à son apparence, est une maison ordinaire pas différente des résidences du voisinage. En principe, elle devrait avoir deux pièces, préférablement trois, construites en ligne. Mais il se peut que les moyens du 'hounfò' ou de la 'sosyete' ne leur permettent pas de disposer de plus d'une pièce.

La salle s'ouvrant sur la façade principale du 'hounfò' s'appelle 'badji'. C'est là qu'est placé le 'pe' ou autel. Celui-ci est une plate-forme en ciment ou en maçonnerie, de dimension variant avec celle du 'badji', avec des ouvertures frontales ou latérales servant à loger des offrandes. Il peut y avoir plusieurs 'pe' dans un 'badji', selon l'importance du 'hounfò'.

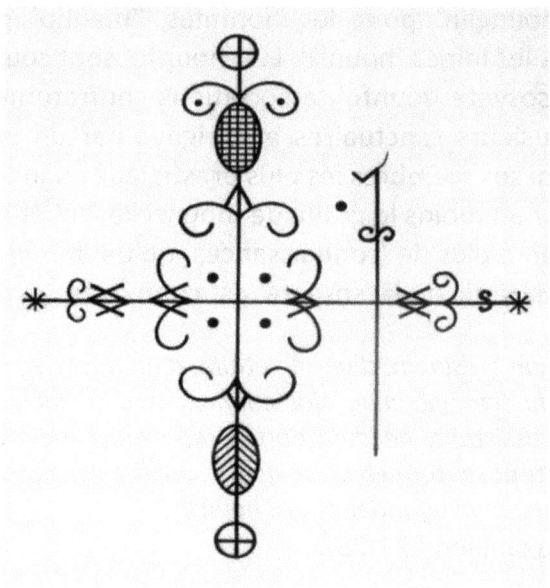

Legba
Détenteur des clés du 'hounfò'

La pièce se trouvant à l'autre extrémité du 'hounfò', est le 'sobadji' et elle a une porte donnant accès au 'lakou'. Elle sert d'entrepôt aux objets rituels, des instruments de musique, des vêtements cérémoniaux. La troisième pièce, celle du milieu, si elles sont trois, joue le rôle de couloir de communication entre les deux autres, et en temps opportun, peut remplir le rôle de 'djevò' ou salle d'initiation et d'épreuves. C'est là que seront cloîtrés les 'hounyò', adeptes qui vont être initiés à un grade quelconque. Toutes les pièces du 'hounfò' peuvent avoir leurs propres 'pe' consacrés à des 'Lwa' différents.

Les 'pe' doivent être assez grands pour recevoir les nombreux objets rituels qui doivent s'y trouver, dont :

- Plusieurs 'govi', vases rituels consacrés aux 'Lwa' servis par le 'houngan ou la 'manbo' ;
- l' 'ason' du prêtre, symbole de son pouvoir ;
- un nombre indéterminé de 'pòt tèt', cruches rituelles en faïence, porcelaine ou terre cuite consacrées aux 'hounsi-kanzo' du 'hounfò';
- un drapeau national, des étendards Vodou, des fleurs;
- un crucifix ;
- une lampe éternelle, comme on en voit dans les églises catholiques ;
- des chapelets catholiques, etc.
- Figés dans la terre devant le 'pe', se trouvent des 'asen', supports en métal servant à y attacher certains objets rituels

Ogou Chango
'Lwa' de la guerre

tels que le sabre et le foulard rouge de 'Ogou'.

Devant le 'pe', ou parfois sur le 'pe' lui-même, est creusé un petit bassin, le bassin de 'Danmbala', 'Lwa' des lacs et des rivières. Dans les 'hounfò' où sont honorés les 'Lwa' aquatiques, il est parfois assez grand pour qu'une personne s'y baigne.

À l'intérieur du 'badji' on trouve des bouteilles de

liqueurs, de rhum, de vin, de parfum, de kola, des colliers, des offrandes apportées aux 'Lwa' par des serviteurs ou des visiteurs, des vêtements sacrés pour les transes. Par exemple : le chapeau-melon noir de 'Bawon Sanmdi', 'Lwa' des cimetières, la béquille de 'Legba', maître des chemins, le chapeau en paille de 'Zaka', 'Lwa' de l'agriculture, etc.

Les murs intérieurs du 'hounfò' sont peints en blanc et décorés de 'vèvè', emblèmes iconographiques des 'Lwa' dont nous parlerons plus tard avec plus de détails. On y voit surtout les 'vèvè' des 'Lwa' servis au 'hounfò', comme par exemple : le bateau de 'Agwe Tawoyo', maître des océans, le cœur de 'Èzili', 'Lwa' de l'amour, les serpents de 'Danmbala' et 'Ayida', 'Lwa' des lacs et des rivières, etc.

On y voit également plusieurs images de saints catholiques, tels que Saint Jacques le Majeur, Saint Pierre, Saint Joseph, représentant respectivement 'Ogou', 'Legba', et 'Loko Atiso'. Y est inscrit aussi le 'non vanyan' ou nom mystique du 'houngan' ou de la 'manbo' en charge du 'hounfò'. On peut aussi y voir le drapeau national, les armes de la République, la photo du Président d'Haïti, et d'autres motifs patriotiques. Les murs extérieurs sont également décorés de motifs religieux ou nationaux.

Sur la façade principale du 'hounfò', celle qui s'ouvre sur le 'badji', on trouve le 'peristil', galerie ouverte et couverte, de dimension variant avec l'importance du temple et le nombre de ses membres. Il est de forme rectangulaire ou carrée. Les grands temples peuvent en posséder plusieurs, mais il y aura toujours un 'peristil' principal. C'est dans le 'peristil' que se font les prières, les invocations, les danses, les rituels sacrificiels, etc.

Au centre du 'peristil' s'élève le 'potomitan', colonne décorée de bandes multicolores au pied de laquelle sont placés les objets sacrés des 'Lwa' invoqués pendant les cérémonies et les offrandes. Le socle du 'potomitan' est une construction généralement circulaire en maçonnerie ou en ciment qui est en fait le 'pe' ou autel du 'peristil'. Il arrive parfois que le 'peristil' soit construit autour d'un arbre qui sert alors de 'potomitan'.

Il n'y a pas de cérémonies sans 'potomitan'. Si un 'hounfò' n'en possède pas, ou quand la logistique ne permet pas sa présence physique, comme par exemple, pour un service à l'intérieur d'une maison ou sur une place publique, son existence symbolique invisible certifiée par le 'houngan' ou la 'manbo' suffit.

Le 'potomitan' représente le "chemin mystique" des 'Lwa', la route qu'ils emprunteront pour venir sur la terre s'incarner dans leurs fidèles au moment de la transe religieuse, l'incarnation du 'Lwa'. C'est autour de lui que l'officiant trace les 'vèvè', dessins rituels auxquels nous consacrons un chapitre spécial. Le 'potomitan' peut être considéré comme le lieu le plus important du temple Vodou. Voici ce qu'en dit Métraux:

> ... le potomitan est le pivot des danses rituelles et reçoit pendant les cérémonies divers hommages qui attestent son caractère éminemment sacré. La place qu'il occupe dans le rituel s'explique par sa fonction: il est le 'chemin des esprits', ou si l'on veut, l'échelle qu'ils empruntent pour descendre dans le péristyle lorsqu'ils sont invoqués.
> (Métraux 1958: 67).

Ci-après, le poème en créole *'Potomitan'* de Nancy T. Férère, tiré de son recueil *Chants de Rêves Cris d'Espoir* :

POTOMITAN

Mo sa a mande respekte,
  Li pa nan jwèt, s'on mo, vle pa vle,
Ki pou fanm vanyan kou gason kanson,
  S'on mo ki merite selebrasyon.

Zansèt nou yo kite l pou nou
  S'on mo ki pa long ditou,
Malgre se de mo kole kole,
  Kole kole a, se sa menm nou vle.

Poto ak mitan, ansanm ansanm,
  Sa bay plis fòs ak anpil nanm,
Sa vle di yon bagay solid nèt,
  Epi tou yon bagay ki gen jarèt.

Mo a nan bouch tout Ayisyen,
  Men sepa tout ki konprann li byen,
Pou sèten, li vle di poto kay,
  Men poto sa a pote pi gro chay.

Zansèt yo kite pou nou yon gro zafè,
  Se chemen 'Lwa' yo sévi, se sak fè,
Se pou nou karese l, nou dòlote l,
  Nou respekte l, nan kè nou pote l.

Potomitan vle di solid ak djanm,
  Potomitan vle di kanpe rèd ansannm,

Potomitan vle di lespwa ak kouray,
  Potomitan vle di anpil lòt bagay.

  Il peut y avoir dans la cour des 'hounfò' de petites cases, avec leurs 'pe' consacrés à des 'Lwa' de rites mineurs moins importants que ceux des deux principaux rites, 'Rada' et 'Petwo'. Également dans la cour se trouvent des arbres 'repozwa', sous lesquels les fidèles viennent prier. On peut aussi y voir une construction ressemblant à un tombeau surmonté d'une croix : c'est l'autel des 'Gede', esprits des morts.
  Finalement, il y aura toujours sur la propriété, des

volailles et des animaux domestiques de toutes sortes, attendant le jour où, après avoir été rituellement offerts aux 'Lwa', ils seront servis comme nourriture aux fidèles et invités participant à la cérémonie.

LE CLERGÉ

Bien que le Vodou soit parvenu à harmoniser quelque peu certains de ses concepts, il est loin d'atteindre le niveau de systématisation organique qu'on trouve dans la plupart des religions modernes. Chaque 'hounfò' est consacré aux 'Lwa' de la congrégation et constitue une entité autonome placée sous l'autorité de ses propres 'houngan' et 'manbo'. Il n'y a pas de ségrégation sexiste dans le Vodou, comme le fait remarquer Claude Planson :

> *Il n'existe aucune forme de ségrégation à l'égard de la femme dans le vaudou haïtien. Elle est au sens strict l'égale de l'homme et personne ne songerait à la cantonner dans des rôles secondaires. Au même titre que le houngan, la mambo est seule maîtresse de son temple.*
> (Claude Planson 1972 : 163).

Les 'houngan' et 'manbo' sont assistés dans leurs fonctions par un personnel hiérarchique, parmi lesquels:

- les 'hounsi' ;
- les 'hounsi kanzo' ;
- les 'konfyans', ou apprentis 'houngan' ;
- les 'hougenikon', ou directeurs de chœurs ;
- les 'laplas', ou maîtres de cérémonies ;
- les 'ogantye', musiciens ;
- les 'boulatye', musiciens ;
- les 'triyangliye', musiciens ;

- les 'rènsilans', ou huissières d'armes ;
- les 'badjikan', ou serviteurs des 'badji' ;
- les 'kodrapo', ou porteurs de drapeaux ;
- les 'bosal', ou novices ;
- les 'pèsavann', anciens bedeaux ou sacristains connaissant par cœur, à leur façon, les prières et les chants de l'Église Catholique en latin ou en français. Ils ne font pas partie officiellement du clergé Vodou, mais ils jouent le rôle du prêtre catholique dans les rituels syncrétiques, comme par exemple, l'aspersion à l'eau bénite, qui ne sont pas du ressort du 'houngan' ou de la 'manbo'.

En plus de leur adhésion à un 'hounfò', les adeptes deviennent membres de la 'sosyete hounfò'. Ils doivent se soumettre absolument à l'autorité de celle-ci dont l'une des attributions est de servir de tribunal pour sanctionner ceux qui ont enfreint le code moral et les commandements de la religion. Leurs violations, comme le dit Crosley, sont punies ici-bas :

> *Le vodouiste croit en la 'justice immanente' qui s'exerce pendant que nous sommes vivants sur la terre. Le code moral du Vodou est semblable au code de Noé, observé par toutes les religions d'une façon ou d'une autre avec certaines variantes.*
> (Crosley 2002 : 119).

INITIATIONS ET VOCATION

INITIATIONS 'HOUNSI BOSAL' ET 'HOUNSI KANZO'

L'initiation 'hounsi bosal' est l'accueil formel du néophyte au temple. Certaines personnes se font initier pour des raisons religieuses, mais d'autres le font pour recouvrer la santé, se protéger du mauvais œil, améliorer leur situation économique, etc. Son rituel principal s'appelle 'osman', du français 'haussement'. Il est repris à chaque fois qu'un initié reçoit un nouveau grade. En voici la description :

Le candidat habillé de vêtements multicolores, foulard rouge au cou ou noué autour de la tête, attend à l'intérieur du 'hounfò' le moment où il sera introduit aux dignitaires et à l'assistance réunis au 'peristil'. Au signal donné, il sort présenter ses hommages au Président de la 'Sosyete Hounfò' qui le conduit au 'Badji' où il jure fidélité aux 'Lwa'. Après le serment, le novice est proclamé 'hounsi bosal' par le Président. Il retourne au 'peristil' pour s'asseoir sur un fauteuil spécial, encadré de quatre grands dignitaires. Après des danses et des salutations, le fauteuil est haussé en trois fois par les dignitaires, geste d'où le rituel a acquis son nom. Le nouvel initié est alors promené en triomphe autour du 'potomitan' et dans l'assistance qui l'acclame.

Le grade de 'hounsi kanzo' est, en dehors de la prêtrise, le plus élevé auquel un vodouisant puisse aspirer. Être 'kanzo' veut dire avoir donné son âme aux 'Lwa'. Nul ne devient 'kanzo' sans avoir d'abord servi à des échelons préliminaires, 'ogantye, boulatye, laplas', etc. De ces rôles, les candidats pourront choisir celui ou ceux qui le mieux correspondent à leur talent.

L'initiation 'hounsi kanzo' implique l'acceptation des sacrifices qu'elle impose. Tout d'abord, elle peut être très coûteuse. Tout candidat devra s'acheter les vêtements et accessoires rituels et payer au précepteur des honoraires dont le montant varie avec la popularité, les « pouvoirs », et le grade de l'initiateur. En plus de ces obligations, il lui faudra s'astreindre à une discipline rigoureuse. Il fera vœu d'obéissance complète à son précepteur, par l'intermédiaire duquel lui seront communiquées les révélations des 'Lwa'.

Puisque tout est transmis par tradition orale, il devra être doué d'une mémoire supérieure et d'une remarquable intelligence, lui permettant d'apprendre et de comprendre les divers rites et cérémonies, les rythmes des tambours, les chansons, la nomenclature des 'Lwa', leurs pouvoirs, leur comportement pendant la transe, leurs goûts et couleurs préférés, les 'vèvè' et images, les prières, les invocations, les litanies, la terminologie traditionnelle en créole, français, latin, et en 'langaj'. En outre, certaines phases de l'initiation réclament de l'endurance physique. Des obligations morales très strictes s'ajoutent aux précédentes : le 'hounsi kanzo' est un élu des 'Lwa' qui ne choisissent pas n'importe quel mortel. Ils attendent de lui une éthique rigoureuse.

Les sacrifices consentis ne sont pas sans leur récompense. En plus du titre prestigieux, le 'hounsi kanzo' est un être purifié en communion permanente avec les 'Lwa', jouissant de leur appui surnaturel, et de la constante protection de son 'mèt tèt' ou 'espri' protecteur. Il peut également compter sur le support des prêtres, des autres 'hounsi', de la congrégation, et des membres de plusieurs temples, car il fait partie de la 'sosyete hounfò' dont la solidarité est comparable à celle des francs-maçons.

Le postulant ou 'hounyò' devra consacrer la majeure partie de ses jours à l'apprentissage de la profession et, par conséquent, ne pourra pas vaquer à bon nombre de ses occupations habituelles. Une semaine au moins avant le début de la cérémonie d'initiation, le 'houngan' ou la 'manbo' convoque les aspirants au 'hounfò' où ils déposent leurs vêtements rituels blancs. Ce sera une semaine d'exercices de piété. Une diète de mets légers leur est prescrite. Généralement, la cérémonie d'ouverture formelle du cycle de l'initiation a lieu un samedi dans la soirée, quand des conseils sont prodigués publiquement par l'initiateur, accompagnés de libations, d'offrandes, de danses, et parfois de transes.

Le rituel le plus important du service d'ouverture est le 'chire Ayizan'. 'Lwa Ayizan Velekete', symbole de pureté et d'éternité, est la patronne des 'hounfò'. Ce rituel a lieu au 'peristil' autour du 'potomitan'. Le 'chire Ayizan' c'est l'effilochage de rameaux de palmier pour en faire une sorte de représentation de la longue chevelure de la déesse. Ces rameaux seront plus tard transportés dans le 'djevò' et déposés sur une chaise recouverte d'un drap blanc placée sur le 'vèvè Ayizan' pour leur bénédiction par le 'pè savann'.

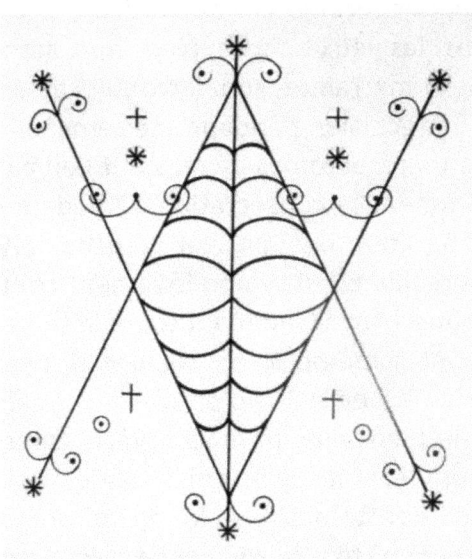

Ayizan
Patronne des 'hounfò'

Les 'hounyò' seront bientôt invités à entrer au 'djevò', mais avant leur départ du 'peristil', ils s'allongent à plat ventre sur le sol et sont aspergés d'eau bénite. Puis vient le moment solennel de l'au revoir. Les dignitaires, les prêtres, les initiés, les parents, les amis et toute l'assistance les embrassent avec effusion et même des sanglots. C'est un ultime adieu à des êtres chers qui s'en vont pour ne plus revenir, car ils ne seront plus les mêmes à leur retour. Maximilen explique :

> *L'initiation du hounsi-kanzo ... c'est une mort symbolique qui prépare la résurrection d'un être dépouillé de toute vanité et de toute ambition, purifié, et qui devient le vase digne de recevoir les esprits 'loa'.*
> (Maximilien 1945 : 80).

À la fin des cérémonies du 'peristil', les futurs 'kanzo' vêtus de blanc, les yeux bandés, pieds nus, accompagnés de leurs parrains et marraines, sont introduits dans le 'djevò' où ils resteront en réclusion pendant une semaine.

Plusieurs cérémonies privées ont lieu à l'intérieur du 'djevò', notamment la consécration de l'adepte à son 'mèt tèt' et la préparation des 'pòt tèt', cruches en terre cuite, faïence ou porcelaine qui symboliquement contiendront les âmes des 'hounsi kanzo'. Pendant toute la semaine, les aspirants dormiront à même le sol sur des nattes, de grosses pierres sous la tête en guise d'oreillers, pendant le 'kouche kanzo', sous la bienveillante mais sévère supervision d'une 'manman hounyò', et ne se nourriront que de mets sans sel.

La réclusion totale dans le 'djevò' prend fin avec la sortie des 'hounyò' tôt le dimanche dans la matinée. La veille au soir, on les avait fait venir incognito au 'peristil', enveloppés dans des draps blancs cachant leur identité, pour la cérémonie appelée 'boule zen'. Ce rituel est si important dans le Vodou qu'il fait partie de toutes les initiations et de plusieurs autres occasions. Au cours de cette cérémonie, les 'hounyò', vêtus de blanc, coiffés de chapeaux de paille, foulards blancs au cou, après avoir enduit leurs mains d'un mélange d'huile, de vin, et de décoction de feuilles, les plongeront en trois fois, dans une casserole de maïs moulu bouillant, pour en faire trois boules dénommées 'atoutou'. C'est bien cette cérémonie qui a donné au mot 'kanzo' son sens populaire non religieux, désignant toute personne immunisée contre les brûlures par le feu. Après leur participation avec succès au 'boule zen', les 'hounyò' deviendront 'hounsi kanzo'.

Le dimanche matin, à l'occasion de la sortie des 'hounyò', aucun détail n'est négligé pour donner à cet événement un éclat particulier. Toujours vêtus de blanc, foulards blancs pour les dames et chapeau de paille pour les hommes, les aspirants défileront en grande pompe, accompagnés de leurs parrains et marraines, sous un grand drap blanc étendu en forme de dais. Drapeaux et tambours en tête, la procession salue "Legba', fait le tour de la cour, salue les 'espri' des arbres 'repozwa', et retourne au 'peristil' où elle est saluée par les dignitaires et le 'pè savann'. Celui-ci asperge les 'hounyò' d'eau bénite, et la 'manbo' ou le 'houngan' en charge de l'initiation leur confère le grade de 'hounsi kanzo'. On procède alors au 'osman', rituel décrit précédemment. Les festivités, prières, musique, chants, danses continuent jusqu'au petit jour.

À partir du lendemain commence une période de quatre ou cinq jours de semi-réclusion. Les 'kanzo' sont encore astreints à de nombreux actes de piété au 'hounfò' et à l'église catholique. Ce n'est que le vendredi qu'il leur sera permis de retourner chez eux, où ils auront encore à compléter une durée totale de quarante jours de réclusion. Pendant ce temps, ils se croiront vulnérables à toutes sortes de dangers surnaturels et se protégeront en menant une existence pieuse.

À la fin des quarante jours a lieu la cérémonie des colliers et 'resevwa tèt', la dernière du cycle de l'initiation. Les nouveaux 'kanzo', réunis dans le 'badji', devant le 'pe', s'agenouillent et offrent des colliers aux 'Lwa', pendant que le célébrant leur trace sur la tête le 'vèvè' de leur 'mèt tèt', ou 'espri' protecteur.

En plus des cérémonies d'initiation, le rituel 'boule zen' a également lieu à l'occasion de la consécration de nouveaux 'hounfò', et en l'honneur des 'Lwa' protecteurs des sanctuaires. C'est aussi une cérémonie funéraire pour les initiés importants, 'houngan, manbo' et 'hounsi kanzo' décédés, au cours de laquelle le 'vèvè zen' est tracé à côté du 'vèvè' du 'Lwa' que servait le disparu. Elle est célébrée dans un délai de quinze à quarante jours, après une autre cérémonie mortuaire préalable connue sous le nom de 'desounen'. Celle-ci est un rite dont le but est d'enlever du défunt ou de la défunte tous les pouvoirs spirituels qu'ils possédaient de leur vivant, c'est-à-dire, de libérer leur âme de leur corps.

VOCATION ET PRISE D' 'ASON'

Dans le Vodou haïtien, comme certes dans toutes les religions, ceux qui servent comme ecclésiastiques le font généralement en réponse à ce qu'ils croient être un appel venant de leur Dieu. Selon les vodouisants, un adepte ne peut se dérober à sa vocation soit comme 'houngan', soit comme 'manbo', sans s'exposer à des châtiments sévères. La révélation peut lui parvenir sous la forme de songes, de messages transmis par des initiés en transe, de visions, de manifestations surnaturelles, de conseils des aînés ou des prêtres, etc. La vocation peut aussi être héréditaire.

Il arrive que certains puissent vouloir accéder à la prêtrise par convoitise, à cause du prestige et des privilèges matériels, moraux, et religieux octroyés par le sacerdoce, mais le recrutement des futurs 'houngan' et 'manbo' d'un temple déterminé s'accomplit surtout parmi les habitués déjà familiarisés avec les coutumes, les 'Lwa' servis, la musique, les danses, etc.

La prise d' 'ason' ou le 'pran ason' est l'intronisation du 'houngan' ou de la 'manbo'. L' 'ason' est une crécelle faite d'une calebasse vidée et séchée, décorée de pierreries et de vertèbres de couleuvre. C'est le symbole du pouvoir du prêtre. Plus que le 'kanzo', l'aspirant 'houngan' doit se soumettre à une discipline rigoureuse et consentir à de grands sacrifices. C'est un initié qui a déjà franchi la plupart des étapes préliminaires et à qui on fait plus d'exigences, puisqu'il aspire au grade le plus élevé de sa religion. Il est en outre censé avoir fait montre de qualités qui le distinguent des autres initiés.

La procédure suivie par ceux qui croient avoir la vocation du sacerdoce commence par la confidence faite à un 'houngan' ou une 'manbo' d'âge avancé à qui ils demandent d'être leur donneur d''ason'. Elle peut être compliquée et coûteuse pour la raison qu'explique Rigaud :

> *Les houngans donneurs d'asson ont intérêt à compliquer chaque jour davantage ce rituel essentiel en multipliant les complications qui – selon le système mercantile déjà connu dans toutes les églises et en Afrique – engraissent leur bourse.*
> (Rigaud, cité par Benjamin 1976 : 91).

Si le donneur accepte, le candidat passe plusieurs mois ou même parfois plusieurs années d'apprentissage et d'épreuves sous sa tutelle. Après ce stage, il est admis au 'djevò' pour une réclusion dont la durée variera entre six et vingt-quatre jours, selon les exigences des 'Lwa' qu'il veut servir et les « connaissances » qu'il veut obtenir. Il suit une retraite semblable à celle des 'kanzo', mais encore plus rigide. À l'instar du 'hounyò kanzo', il se couche à même le sol sur une natte, une grosse pierre sous la tête.

Après des cérémonies secrètes dans le 'djevò', sous la direction du donneur d''ason' secondé par des vétérans de la prêtrise, les 'Lwa' eux-mêmes viennent conférer à leur serviteur les dons de clairvoyance et de « connaissance ». Le candidat devient alors 'houngan' ou 'manbo'. En plus de ses obligations sacerdotales, il est appelé à endosser de lourdes responsabilités, comme l'explique Ati Beauvoir :

> *On passe toute sa vie à étudier. Nous devons apprendre l'ethnobotanique et les propriétés des plantes et des feuilles, connaître l'être humain dans son tout. Il n'y a pas que le mental, le psychologique et le spirituel qui soient de notre ressort. Notre science doit s'étendre tout aussi bien à la vie corporelle.*

(Beauvoir 1988. Notre traduction de l'anglais).

LA LITURGIE

LES SERVICES

Le service Vodou ou 'sèvis 'Lwa'' est une cérémonie en l'honneur d'une ou de plusieurs divinités offerte par ceux qui les vénèrent ou par le clergé. Bon nombre de ces solennités s'appellent 'manje Lwa', parce que l'un des moyens dont dispose un serviteur pour montrer sa fidélité à ses 'Espri' et obtenir leurs faveurs est de leur offrir leurs mets favoris.

Les 'Lwa' s'attendent à ce que ces 'sèvis' soient organisés régulièrement. C'est l'un des prix qu'ils imposent aux vodouisants pour que leurs prières soient exaucées. Même pour les 'sèvis' qui ne portent pas le nom de 'manje', le cérémonial de la religion exige que des aliments soient préparés rituellement, présentés aux 'Lwa', et consommés par les participants. Les 'manje' représentent également l'occasion de festivités sociales dont l'éclat dépend des circonstances du moment et des moyens de l'amphitryon. Ils peuvent être offerts en rapport avec les vivants ou les morts. Parmi les plus importants citons :

    Les bains rituels pour chasser la guigne.
    Le 'bay pwen', ou 'pran pwen' pour acquérir des pouvoirs.
    Le 'baynanm', ou don de l'âme aux 'Lwa'.
    Le 'boule zen'.
    Le 'boule zen' funéraire.
    La célébration des fêtes nationales.
    Le 'chire Ayizan'.
    La consécration des 'hounfò, 'badji', 'pe', 'peristil'.
    La consécration des arbres 'repozwa'.
    La consécration du 'pòtay', ou 'baryè Legba'

Le 'desounen', pour reprendre les pouvoirs des initiés morts.
La fête des 'Gede', 'Espri' des cimetières, le 2 novembre.
L'initiation 'hounsi bosal'.
L'initiation 'hounsi kanzo'.
Le 'kase gato' pour la Fête des Rois.
Le 'kouche kanzo'
Le 'lave tèt' ou baptême Vodou.
Le 'manje lanmè', en l'honneur d' 'Agwe Tawoyo'.
Le 'manje Marasa', en l'honneur de 'Lwa Marasa'.
Le 'manje tètdlo', en l'honneur des 'Lwa' des lacs, des rivières et des sources.
Le 'manje yanm', pour obtenir la bénédiction des récoltes.
Le 'mare pakèt', préparation de talismans porte-bonheur en forme de petits paquets.
Le 'osman'.
Le 'pran ason', ou intronisation du 'houngan'.
Les promesses faites aux 'Lwa'.
Le 'rafrechi tèt', ou renouvellement du 'lave tèt'.
Le 'rele Lwa'.
Les 'tretman' pour la guérison des malades.
Le 'wete djab', ou exorcisme.
Le 'wete nanm nan dlo', pour la libération de l'âme du fond des eaux, 101 jours après la mort.
Sans oublier le mariage mystique, dont le fameux 'maryaj Èzili', où la 'Lwa' exige que le serviteur passe la nuit avec elle, certains disent une fois, d'autres deux fois par semaine, les mardi et jeudi.

Vu sa grande popularité, le 'maryaj Èzili' mérite une attention spéciale. Voici donc la description que nous fait Benjamin de la préparation de l'époux pour la nuit:

> *Le soir venu, vous voilà le bonhomme, baigné, lavé, saupoudré de talc, astiqué, parfumé, tout de blanc sous-vêtu, couché seul dans son lit, tout désir tendu vers la déesse de ses rêves, jusqu'à ce que lui vienne le sommeil libérateur...*

(Benjamin 1976 :80).

Contrairement à ce que croient généralement les profanes, la plupart des services du Vodou ne se font pas au secret. À l'exception de certaines phases de l'initiation 'kanzo' et du 'pran ason' qui se déroulent à l'intérieur du 'djevò', les cérémonies sont ouvertes au public. D'ailleurs, elles sont en même temps des réunions sociales auxquelles sont invités non seulement les membres de la congrégation, mais aussi leurs parents et amis, et les voisins. Et même un étranger, un inconnu, ou un curieux qui se présenterait en respectant les règles normales du savoir-faire sera reçu courtoisement.

Le déroulement des cérémonies n'est pas régi par une standardisation rigide. Il varie avec les 'Lwa' honorés, le but du service, les vœux des fidèles, les décisions des 'houngan' et 'manbo', et est sujet aux goûts et coutumes du temple, de la ville, du village, de la zone, etc. Il arrive parfois que les célébrants ajoutent des détails de leur imagination ou même de leur fantaisie. Toutefois, un plan relativement similaire est suivi en gros, et c'est grâce à cette particularité qu'on peut tenter une description plus ou moins générale, dont voici les grandes lignes.

Imaginons que nous allons à un 'hounfò' assister à une cérémonie. Dans le 'peristil', autour du 'potomitan', nous voyons les dignitaires, les officiants, les 'hounsi' vêtus de blanc, le chœur, les musiciens. Assis ou debout à quelque distance du 'potomitan', centre du 'peristil', se trouvent la congrégation et les invités. S'il s'agit d'une circonstance importante, le drapeau national et les étendards du 'hounfò' et de la 'sosyete' sont déployés pour présenter et recevoir des hommages.

Au début de la cérémonie et conformément à l'étiquette établie, les dignitaires se saluent par des gestes rituels appropriés à leurs grades respectifs : génuflexions, pirouettes simples ou multiples, signes de la tête et des mains, prosternations, le baise-terre étant de tous le plus obséquieux, etc.

Après les premières salutations viennent les prières et invocations au 'Gran Mèt', soit en français, soit en créole ou en latin, commençant par « Au nom du Père, et du Fils, et du Saint-Esprit … », ou « In nomine Patris et Filii … », récitées par le 'pè savann', s'il y en a un présent, ou par le célébrant ; puis suivent les prières aux 'Lwa' et à des saints catholiques, accompagnées de libations à l'eau bénite ; c'est ensuite la bénédiction du 'pòtay', l'entrée du sanctuaire, celle du 'peristil', du 'potomitan' et du 'pe', autel qui se trouve à la base de celui-ci.

Le premier 'Lwa' à être invoqué dans toutes les cérémonies est toujours 'Legba', gardien de toutes les clés, patron des foyers, et maître des chemins, intermédiaire entre le 'Gran Mèt' et les autres 'Lwa', et à qui tout le monde chante :

'Papa Legba, louvri baryè a pou mwen.
Atibon Legba, louvri baryè a pou m pase.
Vodou Legba, louvri bayrè a pou m antre.
M vin salye 'Lwa' yo'.

Traduction :
'Papa Legba', ouvre-moi la barrière,
'Atibon Legba', ouvre-moi la barrière que je puisse passer.

Vodou Legba, ouvre-moi la barrière que je puisse entrer.
Je viens saluer les 'Lwa'.

Ce cantique rappelle bien le « *Asperges me* » chanté au début des messes catholiques en latin. Suivent les invocations aux autres grands 'Lwa': à 'Ayizan', épouse de 'Legba' et patronne des 'hounfò'; ou à 'Danmbala' et 'Ayida'; ou à 'Èzili', et aux 'Lwa' en l'honneur de qui se fait le service, etc. C'est ensuite le traçage des 'vèvè' sur le parquet du 'peristil' par un 'houngan' ou une 'manbo'. Pendant ce temps, les chants du chœur et le rythme des tambours invitent déjà l'assistance à se préparer pour les danses. Après un intervalle de musique et de danses, on procède à la présentation des offrandes et au rituel du sacrifice.

LE SACRIFICE ET LES OFFRANDES

Le sacrifice rituel Vodou est probablement l'aspect le plus incompris et le plus calomnié de la religion haïtienne. Toutefois, il est en parfaite harmonie avec les traditions classiques qui ont existé à travers les siècles dans beaucoup de religions du monde, y compris le christianisme et le judaïsme, qui consistent à offrir un animal aux dieux pour obtenir leurs faveurs ou apaiser leur colère. La Bible ne rapporte-t-elle pas qu'Abraham était sur le point d'immoler son propre fils Isaac?

À aucun moment de son histoire, le Vodou n'a eu à prescrire de sacrifices humains, de cérémonies diaboliques, de maléfices de toutes sortes, comme l'ont prétendu malhonnêtement certains auteurs avides de sensationnel, tels que l'Anglais Spencer St. John dans *Hayti or The Black Republic,* ou l'Américain Houston Craig, membre de la soldatesque pendant l'occupation américaine, dans *Black Bagdad.*

Certains 'Espri' ne désirent pas de sacrifices d'animaux et préfèrent d'autres offrandes, comme par exemple 'Zaka', 'Lwa' de l'agriculture qui a un goût vif des légumes et des fruits, 'Ogou', 'Lwa' guerrier qui incline vers le rhum et les boissons alcooliques, ou 'Èzili', coquette déesse de l'amour qui raffole des bijoux, des parfums, et des vêtements luxueux.

Quoi que disent les détracteurs, quand il s'agit d'un animal, le sacrifice aux 'Lwa' n'est en réalité, que l'abattage rituel d'une bête qui va servir de nourriture aux humains présents à la cérémonie. Les écrivailleurs et calomniateurs peuvent continuer à se prélasser dans le succès de leurs feuilletons à scandale, mais qu'ils se rappellent que le Vodou n'a jamais eu à organiser d' « Inquisition » pour persécuter et exécuter Juifs et protestants, ni de « tribunaux de Salem » pour envoyer d'innocentes bonnes femmes au bûcher, ni de « guerres saintes » pour exterminer les « infidèles ».

Le choix d'un animal dépend des ''Lwa'' servis, des moyens du 'hounfò' et de l'amphitryon, et du nombre de participants reçus à dîner. Avant d'être immolé aux 'Lwa', l'animal — volaille, cabri, cochon pour les rites 'Petwo', 'mouton' pour 'Agwe Tawoyo', bœuf, si l'assistance est nombreuse — est préparé rituellement. On lui fait une grande toilette avec de l'eau parfumée et on l'essuie avec une serviette propre. Si c'est un quadrupède, on le recouvre d'un tissu en satin ou en soie de la couleur favorite du 'Lwa'. Avant de l'abattre, on lui sert sur un 'vèvè' un plat d'aliments sacrés spécifiquement prescrits pour la circonstance par la divinité elle-même. S'il n'y touche pas, c'est que celle-ci ne désire pas qu'il soit sacrifié, ce qui arrive rarement. S'il le mange, c'est le signal de son agrément. Après l'immolation, on fait cuire sa chair selon les prescriptions et les goûts du 'Lwa' honoré à qui on réserve ses morceaux favoris qui sont alors déposés sur le 'pe' du 'peristil', avec les offrandes apportées par les fidèles.

Suivent les danses rituelles au son de la musique des tambours, de l'ogan, du triangle, des flûtes, des sifflets et des chants du chœur des 'hounsi'. Cet aspect artistique de la religion est l'un des plus intéressants et revêt une importance capitale. Nous lui consacrons un chapitre spécial. Généralement, c'est au cours de ces danses que se produit le phénomène le plus fascinant du Vodou : l'incarnation des 'Lwa' que nous appelons théomorphose.

Le plus beau sentiment du monde, c'est le sens du mystère.
Celui qui n'a jamais connu cette émotion, ses yeux sont fermés.
Albert Einstein

LA THÉOMORPHOSE

GÉNÉRALITÉS

Dans la plupart des religions les divinités sont des entités de nature essentiellement immatérielle, ultimes modèles de la perfection et des idéaux auxquels doivent aspirer les humains. Dans le Vodou, on est plutôt en présence d'esprits qui veulent prendre la forme humaine, avec tous les sentiments et sensations que connaissent les hommes : joie, tristesse, bonheur, douleur, faim, soif, etc. C'est dans ce but qu'ils s'incarnent dans leurs adeptes qui acquièrent à ce moment-là leurs caractéristiques et leur personnalité. C'est de cette incarnation qu'il s'agit quand on dit, en terminologie Vodou en parlant de l'adepte en crise, 'Lwa a monte chwal li'. (Le 'Lwa' a monté son cheval).

Ce genre de phénomène existe dans beaucoup de religions. Il a été communément dénommé « crise de possession » ou « transe ». En ce qui a trait à notre Vodou en particulier, nous pensons que l'usage de mots tels que « possessions » et « posséder » est à déconseiller, afin d'éviter toute confusion possible avec les possessions dites démoniaques, et toute assimilation des 'Lwa' au Satan ou au démon des chrétiens.

En effet, pour le croyant, l'emprise qui le domine vient d'une divinité. On doit bien admettre ce fait si on veut aborder la question sans préjugés. D'autre part, le mot transe est aussi employé dans les sciences occultes pour identifier l'état de dépersonnalisation psychique d'un médium. D'après Crosley 2002, dans le cas du Vodou, il ne s'agit pas de seconde personnalité, mais *d'un état de superposition entre le Loa et l'adepte.* Il serait donc recommandable d'employer un autre mot. C'est pourquoi nous proposons le vocable « théomorphose ».

Voici comment les vodouisants conçoivent la théomorphose : chaque personne est dotée de deux âmes le ' gwo bonanj ' (le gros bon ange), et le ' ti bonanj ' (le petit bon ange). Le 'gwo bonanj' est responsable de l'existence matérielle, des fonctions physiologiques et mentales, tandis que le 'ti bonanj' est l'essence même de la personne, et correspondrait à ce que les chrétiens appellent « âme ». Crosley nous explique le caractère ontologique de ce concept :

> *Du point de vue ontologique, les deux âmes de l'homme, Gros-Bon-Ange et Ti-Bon-Ange correspondent à la réalité supersymétrique voulant qu'au début de la création, après le Big Bang, l'univers se soit manifesté en duo, comme particules et ondes en même temps.*
> (Crosley 2002 : 99).

Au moment de la théomorphose, le 'Lwa' chasse le 'ti bonanj' et se substitue matériellement à sa place. C'est la descente de la divinité pour habiter dans la personne qu'elle a choisie, un phénomène comparable au dogme catholique de la présence de Jésus sur l'autel après la Consécration. Pour les catholiques, Jésus est réellement présent sous la forme de l'hostie, mais ils ne le voient pas en chair et en os, tandis que dans le cas de la théomorphose Vodou, le 'Lwa' est là, visible, c'est-à-dire il est lui-même la personne en crise. Léon-François Hoffmann nous fait la description suivante du comportement d'adeptes montés par 'Zaka', 'Ogou', et Èzili Freda :

> *... la personne "montée" par Zaka (représenté par un vieux paysan, courbera l'échine, se déplacera avec difficulté, parlera d'une voix chevrotante. La personne "montée" par un des Ogoun (représenté par des militaires) prendra une allure martiale, réclamera une machette pour arme, fera le salut militaire ... La personne*

> *"montée" par Erzulie Freda Dahomey (représentée par une femme coquette) minaudera, balancera des hanches, réclamera du parfum et des liqueurs sucrées ...*
> (Hoffmann 1990 : 115).

La théomorphose est une réalité empirique. Aux sceptiques qui douteraient de son authenticité - ce qui n'équivaut pas à prétendre qu'il n'y ait pas de crise feinte dans le Vodou comme d'ailleurs dans les religions ou sectes où elle existe - on peut répondre que les symptômes ont été observés en Haïti et ailleurs, examinés à fond, et confirmés à maintes reprises par des hommes et femmes de science à qui on peut faire confiance.

Dans le cas du Vodou, des témoins ont rapporté qu'au début, l'adepte est sujet à des convulsions, des spasmes, à des pertes d'équilibre, des poussées de température. Après un laps de temps relativement court, il arrive à se contrôler et même à faire montre d'une agilité ou de capacités qu'il ne possède pas normalement.

L'évolution du phénomène qui peut durer quelques minutes, quelques heures ou même plusieurs jours dépend du 'Lwa' incarné, du rituel, de l'expérience de l'individu, de l'ambiance, etc. Revenu à lui, l'adepte le plus souvent ne se souvient pas, ou se souvient très peu de son expérience. On a aussi fait remarquer que la crise était contagieuse et plus commune chez les femmes que chez les hommes.

Certains aspects du comportement des criseurs depuis son début jusqu'à sa fin peuvent laisser l'impression d'être tout à fait arbitraires. Cependant, ce ne sont là que des apparences comme le fait remarquer le Dr. Frantz Bernardin.

Bernadin, chercheur paranormal, dans un article intitulé « Crise de possession dans le Vodou », exprime son point de vue sur ce qu'il appelle *le cérémonialisme Vodou*, et nous dit, qu'en dépit des apparences, il y a certes de l'ordre dans ce qui pourrait avoir une certaine apparence désordonnée :

> *Au premier contact, le cérémonialisme Vodou donne une une impression de désordre et de confusion. Il apparaît comme un amalgame de symboles, de rites, de mouvements gestuels, de chants et de danses qui ne semblent obéir à aucun ordonnancement structuré. Mais, observé soigneusement, méthodiquement, sans préjugé, il se révèle comme soumis à des lois, même si, d'un point de vue purement scientifique, l'on ignore la nature de ces lois.*
> (Bernadin 2007. *Port-Salut Magazine*, 27/08/07).

En effet, si on examine le comportement des serviteurs pendant la théomorphose, on constate une certaine uniformité quand ils sont montés par les mêmes 'Lwa'. Quelle que soit la personne, ils agissent de la même manière. Ceci revient à dire que ledit comportement n'est pas le résultat de décisions ou de fantaisies individuelles du moment, car ils semblent tous suivre les mêmes règles.

Tout au long de la discussion de la théomorphose, nous avons choisi de faire mention spécialement de descriptions, opinions, ou explications proposées par les auteurs suivants : Jean Price-Mars, J.C. Dorsainvil, Louis Mars, Louis Maximilien, Milo Rigaud, Alfred Métraux, René Benjamin, Emerson Douyon, Léon-François Hoffmann, et Reginald Crosley.

De Price-Mars et Dorsainvil à nos jours, pas mal d'attitudes ont changé. N'est-ce pas bien Dorsainvil qui avait déclaré que le Vodou était *une psychose raciale héréditaire* ? (Dorsainvil 1931). Ce qui ferait des nègres haïtiens une nation de malades mentaux, la psychose étant « une maladie mentale dont le malade ne reconnaît pas le caractère morbide » (Le Robert).

A la même époque, Price-Mars lui aussi donnait à l'épithète de phénomène anormal, pathologique. N'avait-il pas bien affirmé que les serviteurs des 'Lwa' étaient *des déséquilibrés psychiques pourvus d'une constitution mythomane* ?

DESCRIPTIONS ET HYPOTHÈSES EXPLICATIVES

Dans Maximilien 1945 on peut lire :

La crise s'annonce par une sensation de fatigue musculaire, de lassitude dans les membres (sensation de mem- membres cassés), du vertige avec diminution progressive des facultés supérieures. L'individu essaie alors de retrouver son équilibre, en sautillant à reculons sur un talon et en projetant l'autre membre inférieur en avant. Il peut choir ou se jeter sur les spectateurs qui le soutiennent, puis il perd connaissance durant un instant. Ce n'est qu'un évanouissement, le criseur ne se rend plus compte de rien.
(Maximilien 1945 : 56).

Voici la description de Métraux :

Il devient alors non seulement le réceptacle du dieu, mais son instrument. C'est la personnalité du dieu et non plus la sienne qui s'exprime dans son comportement et ses paroles. Ses jeux de physionomie, ses gestes et jusqu'au ton de sa voix reflètent le caractère et le tempérament de la divinité qui est descendue sur lui.
(Métraux 1958 : 106).

Et celle d'Emerson Douyon :

Le criseur ou 'chwal' (cheval) des loas compose sur son visage un masque caractéristique. Éperonné par son divin cavalier, le regard fixe, le front en sueur, le corps rigide tendu en avant, il fonce droit, s'arrête, se

cabre, trébuche, tombe, roule, se débat, s'immobilise enfin dans une attitude cataleptique. Entouré, secouru, ré veillé après un temps plus ou moins long, il est salué et reçu par des chants, des libations, des accolades ...
(Douyon 1969 : 18).

La théomorphose, tout au long des temps, a suscité l'intérêt de nombreux investigateurs qui ont tenté de formuler des explications, des points de vue soit médical, soit psychologique, soit mystique, soit théologique, ou logique. En ce qui concerne notre but dans cette étude ethno-descriptive, il ne s'agit ni de débattre ni d'approfondir tous ces aspects. Nous préférons pour cela référer les lecteurs intéressés aux recherches des savants vodoulogues dont nous venons de citer les noms.

Pendant un grand nombre d'années, les psychiatres et les psychologues Haïtiens et étrangers, ont dominé le champ des recherches sur la théomorphose, et tout naturellement, leur formation médicale leur a fait y voir des états pathologiques de toutes espèces. C'est cette pratique que dénonce Léon-François Hoffmann :

Tant en Haïti qu'à l'étranger, bon nombre de psychologues d'abord, et de psychiatres plus tard, se sont penchés sur le vodou et tout particulièrement, comme on pouvait s'y attendre, sur ses aspects plus dramatiquement exotiques : crises de possession, envoûtements, zombis, etc. Il va de soi qu'assimiler un comportement d'abord perçu comme incompréhensible et menaçant à une maladie mentale est une démarche profondément rassurante qui permet en outre de dévaloriser ce comportement au nom de l'objectivité scientifique.
(Hoffmann 1990 : 164-165).

En effet, jusqu'au début de la deuxième moitié du XXème Siècle, ce furent les hypothèses pathologiques qui prévalurent en Haïti, comme le souligne Crosley 2002 :

> *Entre les années 1913 et 1960, les psychiatres haïtiens ont accepté la définition médicale officielle de la crise de possession en tant que pathologie mentale.*
> (Crosley 2002 : 104).

LOUIS MARS

Louis Mars a fait de l'étude de la crise de possession le sujet principal de ses ouvrages. Psychiatre de profession, il n'est pas étonnant que ses points de vue aient été invariablement influencés par sa formation médicale. Toutefois, homme de science honnête dont la carrière s'est étendue sur de nombreuses années, il n'est pas étonnant qu'il ait eu à modifier ses positions, à mesure qu'il faisait de nouvelles découvertes, ou que celles de ses collègues parvenaient à sa connaissance.

En effet, dans un article publié en mars 1976 dans le journal *Le Nouvelliste,* il manifeste ouvertement sa désolidarisation d'avec les méthodes médicales du passé :

> *Les premières observations sur le Vodou en Haïti ont été recueillies par des médecins qui se sont servis de modèles cliniques occidentaux pour diagnostiquer la possession. Peu à peu, nous nous sommes aperçus de notre erreur et nous avons apporté la correction nécessaire.*
> (Mars 1976).

Avant Mars, le psychiatre Emerson Douyon avait traité ces approches d'instables :

> *La plupart de ces points de vue faisaient allusion tantôt à une structure névrotique, tantôt à une organisation psychotique, tantôt à des conditions intermédiaires de désorganisation de la personnalité à la limite du normal et du pathologique. Cependant, les médecins haïtiens ou étrangers qui ont eu l'occasion d'examiner la question sont unanimes à reconnaître que la simple observation psychiatrique est absolument insuffisante pour rendre compte d'un phénomène aussi complexe et aussi élaboré que la crise de possession.*

(Douyon 1969 : 31).

Douyon répète et justifie son rejet :

> *Le caractère réglé, conditionné, anticipé, désirable, subjectif, réversible, intégré, conformiste et non souffrant de la crise ... interdit certainement d'étiqueter comme morbide un fait social répandu, qui a reçu la sanction de toute une communauté depuis plus d'un siècle.*

(Douyon 1969 : 32).

Le docteur Mars, dans le même article du Nouvelliste précédemment cité où il exprime son rejet des *modèles cliniques occidentaux,* annonce son choix du vocable « théolepsie » pour désigner la transe religieuse :

> *La théolepsie, c'est le nouveau terme par lequel je désigne la possession religieuse.*

(Mars 1976).

Il ne saurait être question de notre part de mettre en question la justesse du choix du terme « théolepsie », tant sémantiquement que théologiquement, qu'a fait notre respectable psychiatre. En effet, il signifie précisément « saisi par le dieu », et il ne s'agit pas nécessairement d'une condition pathologique. Mars a d'ailleurs bien pris soin de le défendre en citant à l'appui *L'Encyclopédie des religions et de l'éthique*. Cependant, compte tenu des attaques dont notre pays et notre Vodou ont été victimes à la moindre occasion, serait-il prudent que nous adoptions ce mot ? Ceci nous exposerait à ce que nos diffamateurs en profitent pour associer la crise Vodou à l'épilepsie, la narcolepsie, la catalepsie, tous termes qui désignent des états anormaux. Il est donc mieux que nous ne prêtions pas le flanc à leur dénigrement, et que nous nous évitions tout malheureux mécompte. Le mot théomorphose est tout aussi correct, sémantiquement et théologiquement. En effet, il signifie « incarnation et transfiguration du dieu », pour y adapter une expression de Maximilien. Toujours dans le même article, Mars présente sa nouvelle explication basée, nous dit-il, sur la théorie de la communication. D'après lui, la possession religieuse Vodou est un *phénomène central de l'animisme afro-haïtien*, et il la décrit comme suit :

> *L'un des éléments fondamentaux d'un langage hérité du plus lointain passé que les paysans se transmettent de générations en générations plus ou moins fidèlement.*
> (Mars 1976).

Il poursuit son explication, clarifie l'emploi de ce *langage hérité*, et mentionne à l'appui les cultures qui :

> *... utilisent, d'une façon extraordinaire, le corps entier comme instrument de langage, la possession comme symbole divin ...*
> (Mars 1976).

Finalement, Mars formule sa nouvelle définition où nous trouvons les mots « métamorphose » et « dieux »:

> *La possession religieuse se définit une <u>métamorphose,</u> un un état psychologique normal qui reproduit le visage et les gestes <u>des dieux</u>, à la manière d'une personnification dramatique.* (C'est nous qui soulignons).
> (Mars 1976).

Somme toute, une <u>*métamorphose des dieux*</u> est bien une « <u>théomorphose</u> ».

LOUIS MAXIMILIEN

Louis Maximilien nous fournit plusieurs exemples des comportements de plusieurs 'Lwa' pendant la crise :

> *Agouet sera assis à califourchon sur une petite chaise représentant son bateau ... Agaou ne pourra jamais s'empêcher de grimper ... Un homme relativement jeune monté par le vieux Legba présentera sur le visage une expression de vieillesse très marquée ... Erzulie sera inéluctablement frappée de paralysie.*
> (Maximilien 1945 : 57).

D'après l'auteur de *Le Vodou Haïtien*, la 'kriz Lwa' n'est pas théomaniaque, parce qu'elle peut être contrôlée par le 'houngan' ou la 'manbo' qui ont la capacité de l'inciter, la décourager, l'atténuer ou l'empêcher. En effet, au cours d'une cérémonie dans un 'hounfò' de Miami à laquelle nous avions été invité, nous avons remarqué que toutes les fois qu'un des participants montrait quelque tendance à avoir une 'kriz Lwa', le 'houngan' et certains de ses assistants s'empressaient à le calmer, ou même à le faire entrer à l'intérieur du 'hounfò'. Il se peut aussi que le privilège d'être chevauché par le 'Lwa', le prêtre se le réservait pour lui-même. De fait, le moment venu, on lui apporta un grand fauteuil rouge où il s'installa pendant sa crise, pour que 'Ogou', en sa personne, reçoive les hommages et entende les demandes de ses fidèles.

Le contrôle par le 'houngan' et la 'manbo' à tout moment est d'une grande importance, surtout pour le novice, car il leur incombe de façonner l'apprentissage de celui-ci en ce qui concerne la conduite adéquate pendant la théomorphose, comme l'explique France Schott Billman :

> *Le novice apprend peu à peu à donner une forme à cette force initialement sauvage qu'il sent en lui ... c'est le prêtre qui façonne peu à peu cette forme, comme si, gardien du modèle, il pouvait ainsi le sculpter à partir de la matière brute de la transe. Il met donc en forme la crise de possession.*
> (Citée par: Alcide Saint-Lot 2003 : 72).

Maximilien affirme que la théomorphose n'est pas un dédoublement de personnalité. Il l'appelle plutôt *une manifestation de personnalité additionnelle, préalablement conçue, parce qu'au cours des crises, le moi n'est pas anéanti.* Elle est le résultat d'une longue préparation pendant toute sa vie qui a créé chez le vodouisant une susceptibilité spéciale qui fait partie de son naturel.

Maximilien postule que l'adepte, dès son enfance, est soumis à une ambiance qui lui crée des réflexes qui contrôlent ses réactions. De par sa formation antérieure, il a en lui-même *des conditions optima de réceptivité,* une formation imprégnée de croyances religieuses qui sera à la base de ses comportements futurs. Maximilien postule que la théomorphose est :

> *... un phénomène nerveux, d'ordre suggestif qui se réalise de façon extrêmement aisée chez une catégorie*

> d'individus antérieurement préparés quant aux éléments qui constituent le contenu de la crise et quant au déclenchement de la crise par rapport à l'ambiance.
> (Maximilien 1945 : 58).

Un peu plus loin dans sa discussion, le docteur Maximilien, à l'instar de son collègue le docteur Mars, et en dépit de ses explications non-médicales précédentes axées sur la préparation des réflexes, se sert quand même d'un terme à connotation pathologique avec son emploi du mot « hystérique » :

> La crise Vodouesque ... correspond à un état mental hystérique artificiellement créé par la suggestion ou l'hypnotisme.
> (Maximilien 1945 : 61).

Au-delà des facteurs psychologiques qui participent à la crise, Maximilien mentionne aussi certains éléments physiologiques :

> Ce sont les boissons enivrantes dont font usage les vodouisants et qui favorisent le déclenchement de la crise, en notant cependant que celle-ci peut être réalisée seulement par la suggestion sans le concours d'aucun toxique.
> (Maximilien 1945 : 64).

MILO RIGAUD

Milo Rigaud, célèbre auteur du grand classique *La Tradition voudoesque et ses incidences*, est un homme de science et 'houngan' qui fait reposer ses explications essentiellement sur la physique, l'électronique, l'électricité, la thermodynamique, la chimie, la psychologie, la médecine, l'astronomie, l'astrologie, et l'occultisme.

Dans son livre, la discussion de la crise s'étend sur 46 pages avec une abondance de données difficiles à comprendre par le profane, ou même par l'initié qui ne soit pas familier avec les concepts scientifiques qui font partie intégrale de sa thèse. En considération des modestes buts de cette étude et de notre méthodologie ethno-descriptive, notre analyse se limitera à laisser parler Rigaud lui-même, en le citant à profusion, car son approche est personnelle et unique.

D'après Rigaud, la théomorphose est :

> *... la réaction en chaîne de l'énergie culturelle des houn'sih.... Il s'est produit dans le possédé un phénomène qui le transforme spirituellement, en lui faisant perdre sa personnalité, comme un noyau magnétique qui changerait chimiquement par le fait d'avoir reçu une énergie supérieure à sa masse.*
> (Rigaud 1953 : 291).

Il se sert de données chimiques pour décrire le comportement du criseur :

> *Le houn'sih ou le houngan 'monté' par une loa voudoo se transforme de la même manière qu'un noyau d'azote qui a capté un rayon alpha est transmuté en un noyau d'oxygène par la modification chimique de sa masse.*
> *(Rigaud 1953 : 293).*

En ce qui a trait aux capacités et à la force physique supérieure qu'un criseur peut posséder, E. Douyon nous en fait la description suivante qui sera expliquée par Rigaud :

> *Des infirmes marchent droit, des imbibés sautent comme des araignées, ou se faufilent entre les jambes, insaisis-*

> sables comme des couleuvres; des femmes fragiles soulèvent des hommes ...
> (Douyon 1969 :19).

Rigaud explique qu'elles sont dues à ce que :

> En profitant du mystère qui 'descend dans sa tête', le houn'sih est mû par un courant électronique qui multiplie ses facultés et dont il n'a ni conscience ni la direction.
> (Rigaud 1953 : 295).

Son interprétation des bouffées de chaleur que sent le criseur repose sur la physique :

> L'énergie mécanique procurée surnaturellement aux 'houn'sih' par la possession voudou se traduit thermométriquement par une hausse de température – parce que plus la mécanique est évoluée, plus le degré de chaleur du 'cheval' est généralement élevé, sauf exceptions. Beaucoup de possédés sont donc brûlants et transpirent abondamment, au point que le geste rituel le plus frappant sous le péristyle est celui d'un houngan ou d'un houn'sih essuyant la figure des mystères avec un mouchoir.
> (Rigaud 1953 : 295).

Et pour notre célèbre pionnier, la fin de la crise est due à la disparition de l'énergie surnaturelle:

> ... l'énergie mécanique surnaturelle qui soulève ou élève mystérieusement le houn'sih monté peut cesser et cesse généralement tout d'un coup, lorsque le mouvement mécanique produit surnaturellement par le mystère a cessé : la crise de loa est finie et le houn'sih retombe brusquement dans sa potentialité personnelle comme une marionnette désarticulée.
> (Rigaud 1953 : 295).

Des initiés ont rapporté après la crise qu'ils sentaient de fortes douleurs à la nuque. Rigaud explique :

> *Le choc de la transe est névro-psychique, ce qui veut dire que les loas descendent dans la tête des 'houn'sih par le canal des nerfs en causant le choc à la nuque.*
> (Rigaud 1953 : 300).

ALFRED MÉTRAUX

Métraux commence par faire remarquer certaines apparences d'anomalie au début de la théomorphose :

> *Dans sa phase initiale, la transe se manifeste par des symptômes de caractère nettement psychopathologique. Elle reproduit dans ses grands traits le tableau clinique de l'attaque hystérique.* (Métraux 1958 : 107).

Toutefois, il ne tarde pas à rejeter ce point de vue en faisant appel au témoignage de Melville Herskovits :

> *Il y a une vingtaine d'années déjà, Herskovits réfutait cette interprétation en soulignant l'aspect contrôlé et il constitue un moyen normal d'entrer en rapport avec les puissances surnaturelles. Le nombre de personne sujettes à la possession est trop grand pour que leur soit accolée l'étiquette d'hystériques, à moins de considérer l' 'ensemble de la population haïtienne comme atteinte de troubles mentaux.*
> (Métraux 1958 : 121).

Métraux poursuit sa description et sa discussion du phénomène mais ne propose pas de théorie explicative.

RENÉ BENJAMIN

Voici la description du comportement du criseur qu'offre Benjamin dans *Introspection dans l'inconnu* :

> *Par la 'crise', le sujet s'identifie mentalement au modèle dont il emprunte momentanément les caractéristiques, épouse les 'formes' dans la mesure, bien entendu, où le changement est physiquement possible. Le possédé devient pour quelques minutes le personnage qu'il incarne, de sorte que sa conscience à lui est obnubilée.*
> (Benjamin 1976 : 147).

Pour Benjamin, la personnalité du 'Lwa' incarné remplace celle de l'adepte qui en a fait un apprentissage constant durant toutes les années de sa vie, et :

> *... a accumulé un énorme paquet sur les personnages mythiques ... et c'est de ce dépôt de souvenirs que viennent tous les éléments nécessaires à la composition du nouveau personnage du 'possédé'.*
> (Benjamin 1976 : 150).

C'est dans ce même contexte que Reginald Crosley fait mention de la 'prédisposition familiale' :

> *En général, la transe semble se propager comme une trainée de poudre à l'intérieur du temple Vodou chez les individus ayant une prédisposition familiale à un tel comportement.* (Crosley 2002 : 105).

Benjamin se dirige dans la même voie de la *préparation antérieure* de Maximilien, mais il dépouille la thèse de son prédécesseur de son aspect hystérique, tout en regrettant que le grand pionnier *n'ait pas conclu à la 'modélisation' par automatisme psycho-physiologique, pour expliquer le mécanisme de la possession ou crise de loa.* C'est ce que lui il fait en proposant l'explication suivante :

> *La crise n'est pas, en fait, une 'possession' de l'individu, mais une 'modélisation' effectuée par le processus du conditionnement des réflexes.*
> (Benjamin 1976 : 150).

Benjamin continue sa discussion du phénomène en s'appuyant sur certaines données scientifiques, ce qui rappelle un peu Milo Rigaud, quand il écrit, par exemple, au sujet des réactions physiologiques de l'homme :

> *Une fois excitée, une fibre nerveuse réagit suivant une sorte de décharge électrique qui se traduit par des pulsations transmises aux neurones avec lesquelles elle est en contact, ces pulsations finalement parviennent à des neurones moteurs qui déclenchent une contraction musculaire.*
> (Benjamin 1976 : 151).

Et il aboutit à la conclusion suivante :

> *Le phénomène de 'modélisation' est une identification totale, mais inconsciente, de l'individu à une personnalité imaginée, à un modèle fictif. Le phénomène prend l'allure d'un hypnotisme dû, avant tout, à la suggestion mentale du milieu social auquel appartient le sujet ; suggestion mentale dont il a commencé à subir l'effet dès le plus bas âge, alors qu'il n'était même pas en mesure de rien comprendre. La crise dite de 'possession' est finalement un automatisme psycho-physiologique assuré mécaniquement par le déterminisme des lois cérébrales. C'est le modelage d'un personnage refuge. C'est une intronisation de modèle.*
> (Benjamin 1976 : 153-154).

QUID NOVI ?

Les résultats des recherches sur la transe en Haïti et ailleurs ont été publiés à travers les années, mais nombreux sont ceux qui posent encore les mêmes questions : la théomorphose est-elle du ressort de la théologie ou des sciences occultes ? Nous trouvons-nous en présence d'états mentaux qui relèvent de la médecine ? S'agit-il d'états normaux ou paranormaux dont la compréhension échappe encore à nos hommes et femmes de science ?

En réponse : *nil novi usque ad presaens*. Rien de nouveau jusqu'à présent. Il est vrai qu'on n'est plus à l'époque conformiste des Dorsainvil et Price-Mars, car il y a eu des changements de méthodologies et d'attitudes apportés par Louis Mars, Maximilien, Métraux, E. Douyon, etc. Mais jusqu'à nos jours, les voies empruntées par les chercheurs ont conduit à la postulation d'hypothèses, et non pas à de vraies théories. Arrivera-t-on à valider ces hypothèses ?

Après des dizaines d'années de recherches, doit-on conclure que les thèses et hypothèses existantes ne dépasseront pas les limites de leurs frontières actuelles, et que le reste tombe plutôt dans le domaine de la foi religieuse des individus ? C'est dire que l'adepte qui agit d'une certaine façon, sans même y penser, le fait parce que sa foi religieuse et le comportement correspondant lui ont été inculqués dès les premières années de sa plus tendre enfance par son environnement. Il s'agit d'un apprentissage, à la « *We are born to speak* » de Noam Chomsky, c'est-à-dire à l'instar du jeune enfant qui, tout naturellement, fait l'acquisition de sa langue maternelle sans que personne n'ait à la lui enseigner.

Remarquez que nous ne parlons pas de « conditionnement de réflexe », mais plutôt d'acquisition naturelle d'une capacité mentale.

Pour finir, disons que la science et la logique ont plein droit à notre respect. Mais on doit certes ce même respect à la foi des adeptes ; il faut accepter leurs croyances comme elles sont : dans toutes les religions, il y a de ces inexplicables connus sous le nom de « mystères », auxquels les fidèles croient. Allez donc demander, par exemple, à un catholique d'expliquer scientifiquement ou logiquement, le mystère de l'Assomption de la Vierge Marie !

*Dieu descend à terre aussi naturellement que
la musique de Mozart monte au ciel,
mais il nous manque l'oreille
pour l'entendre*
Christian Bobin

RITES ET PANTHÉON DES 'LWA'

LES RITES

Les différentes liturgies du Vodou haïtien dans leur ensemble et d'après leurs cérémonials et modus operandi, ont été classifiées sous le titre de rites. Les plus populaires sont le 'Rada' et le 'Petwo', suivis d'autres moins importants parmi lesquels on peut citer les 'Kongo, Nago, Dantò, Zanda, Kanga, Boumba, Kita', etc. Certains rites dénommés 'fanmi' (famille), ou 'nachon' (nation) rappellent leur origine africaine: 'Ibo, Siniga, Ginen', etc.

Chaque rite a son cérémonial, ses invocations, ses chants, ses rythmes, ses dates festives, ses instruments de musique dont le plus important est le tambour auquel nous réservons une discussion spéciale au chapitre sur la musique. Il importe de mentionner tout de suite que chaque rite a sa batterie particulière. La batterie 'Rada', par exemple, est composée de trois tambours, ou de groupes de trois, et le plus grand s'appelle 'manman penmba'. Les tambours 'Petwo' vont par paires, le grand étant le 'gwo baka', le petit, le 'ti baka'.

Les rites diffèrent également au point de vue des caractéristiques et attributions de leurs divinités. Les 'Lwa Rada' ont la réputation d'être doux et bienveillants, tandis que les 'Petwo' sont sévères et exigeants. Ceux-ci sont généralement invoqués à des buts matériels.

En plus des rites nommés ci-dessus, il y a aussi la famille des 'Gede', 'Lwa' des cimetières, 'Espri' des morts, qu'il ne faut pas confondre avec les âmes des morts. Ils revêtent une grande importance dans la théologie Vodou mais n'appartiennent à aucun rite, à moins qu'on ne veuille reconnaître un rite 'Gede''. Cependant, leur chef, 'Gede Nibo', est inclus dans le panthéon sous plusieurs rites. Les 'Gede' jouissent d'une réputation d'immoralité et de dépravation. Ils s'infiltrent par ruse dans les services des autres 'Lwa', sans être invités, pour manger, boire, danser, jouer des tours, dire des mots sales. À cause de leur mauvaise conduite, ils sont souvent chassés par les prêtres et les fidèles.

LE PANTHÉON DES 'LWA'

Un inventaire complet du Panthéon des 'Lwa' est difficile à dresser pour de multiples raisons, dont leur nombre sans cesse croissant, parce que de temps en temps les adeptes en créent de nouveaux en béatifiant les esprits des initiés décédés. Le mot 'Lwa' est celui qu'on emploie le plus souvent, mais on dit aussi 'Mistè, Sen, Zanj, Espri'. Leur classement individuel sous les rubriques de rites, famille, ou nation, a été maintes fois tentée par les spécialistes du Vodou. Un tel classement peut revêtir un certain intérêt, surtout pour les divinités mineures, si on veut retracer leurs origines africaines. En ce qui concerne les 'Lwa' majeurs, on les retrouve dans pratiquement tous les rites, sous les mêmes vocables, ou sous des vocables quelque peu modifiés. Par exemple, à 'Èzili Freda Danwonmen', déesse 'Rada' de l'amour coquette et précieuse, correspondent les 'Èzili Je Wouj', 'Èzili Dantò', 'Èzili Mapyang' du rite 'Petwo', jalouses et prêtes à terrasser leurs rivales. Il reste donc entendu qu'à tout moment, certaines divinités peuvent appartenir à tour de rôle aux rites que leurs fidèles auront choisis.

Chaque 'Lwa' a des attributions et des pouvoirs particuliers. En voici quelques exemples:

- 'Legba' est le plus puissant et le plus important de tous les 'Lwa', l'intermédiaire entre le 'Gran Mèt' et les autres 'Lwa'. C'est lui qui leur ouvre le chemin mystique quand ils veulent se manifester. Il détient les clefs du 'pòtay', du 'hounfò', du 'peristil', des 'pe', etc. Tous les services doivent commencer par le salut qu'on lui doit. L'iconographie

Vodou parfois le représente sous l'aspect d'un vieillard courbé qui n'arrive à se déplacer qu'avec peine, en s'appuyant sur une béquille ou un bâton. Méfiez-vous cependant de cette apparence trompeuse: 'Legba' a une force et une agilité extraordinaires qu'il infuse en ceux qu'il monte.
- 'Agwe Tawoyo' ou 'Agwe', le Neptune du Vodou, 'Lwa' de l 'océan et patron des marins.
- 'Ogou Balendjo', 'Espri' marin guerrier, capitaine de 'Imamou', le bateau de 'Agwe Tawoyo'.
- 'Agawou', génie des tempêtes, membre de l'équipage de 'Imamou', partage ses pouvoirs avec 'Badè', 'Espri' des vents et 'Sobo', 'Lwa' de la foudre.
- 'Ayida Wedo' et 'Danmbala Wedo', 'Lwa' de l'arc-en-ciel, des cours d'eau, des lacs et des sources. Protecteurs des couples.
- 'Loko Atiso', 'Lwa' des plantes médicinales, partage ses pouvoirs avec son cousin 'Zaka', ministre de l'agriculture, comme l'appellent les adeptes.
- 'Ogou Feray', le forgeron, 'Lwa' de la guerre et du feu.
- 'Èzili', Vénus du Vodou, 'Lwa' de l'amour, belle, coquette, sensuelle.

LISTE ALPHABÉTIQUE DE QUELQUES 'LWA'

Achade Bòkò	Achade Bosou
Adelayid	Grann Adelayid
Aganman	Agasou
Agawou Tonnè	Agawou Loray
Amisi Wedo	Annwezo
Atibon Legba	Avadra Bon Wa
Awoyo	Azaka
Ayida Wedo	Agwe Tawoyo
Ayizan	Ayizan Velekete
Avadra Bon Wa	Azaka Mede
Azagon	Badè

Bakoulou	Boumba Maza
Bayakou	Bòkò Legba
Bèlkan	Bosou Achade
Bosou Twa Kòn	Brize Makaya
Brize Penmba	Dam Tenayiz
Danmbala Miwaze	Danmbala Sèpan
Danmbala Gran Chimen	Danmbala Flanbo
Danmbala Wedo	Danmbala Yawe
Djobolo Bosou	Èzili Boumba
Eskalye Boumba	Èzili Wedo
Èzili Dantò	Èzili
Èzili Je Wouj	Èzili Mapyang
Èzili Laflanbo	Èzili Freda
Èzili Towo	Èzili Danwonmen
Gran Bwa	Grann Alouba
Grann Aloumandya	Grann Batala
Grann Ayizan	Grann Brijit
Grann Èzili	Grann Simba
Grann Flerizon	Grann Bwa Meji
Grann Sogbo	Ibo Kilibo
Ibo Kosi	Ibo Lazil
Ibo Lele	Ibo Petwo
Kanga	Klèmezin Klèmèy
Legba Atibon	Legba Ayizan
Legba Evyeso	Legba kalfou
Lenglensou	Lasirèn
Lenmba	Madmwazèl Chalòt
Loko Atiso	Makanda
Marasa/Dosou/Dosa	Marinèt Pyechèch
Nago	Ogou Achade
Ogou Baba	Ogou Balizay
Mèt Kalfou	Ogou Badagri
Ogou Balendjo	Ogou Batala
Ogou Chango	Ogou Donpèd
Ogou Feray	Ogou Tonnè

Simalo
Silibo Vavo
Simbi Dlo
Sofi Badè
Ti Jan Petwo
Towo Petwo
Zaka

Similò
Simbi Bwa
Simbi Andezo
Sobo
Ti Pyè Dantò
Twa Fèy Twa Rasin
Zazi Boutonnen

De la famille des 'Gede' :
Bawon Kriminèl
Bawon Sanmdi
Gede Doktè Piki
Gede Tonnè
Gede Loray
Gede Pise Nan Dlo
Gede Soufrans
Gede Tipete
Gede Mazaka
Grann Brijit
Gede Zarenyen
Jeneral Fouye
Jan Batis Trase Tonm

Bawon Lakwa
Bawon Simityè
Gede Fatra
Gede Mòpyon
Jean Zonbi
Gede Senk Jou Malere
Gede Tikaka
Gede Ti Wawa
Gede Boulonnen
Gede Trase Tonm
Gede Nibo
Gede Ginen,
Kaptenn Zonbi

LISTE DE 'LWA' AVEC LEURS CARACTÉRISTIQUES

Les descriptions suivantes sont tirées de N. Férère 2005. La méthode employée pour la présentation des caractéristiques de chaque 'Lwa' a été de suivre avec consistance un format de base visant à faciliter l'assimilation des données par le lecteur. Il comprend l'énumération, tour à tour, des vocables, attributs, rites, icônes picturales, et couleurs favorites de chaque 'Lwa'. En ce qui concerne celles-ci, il importe de comprendre qu'il ne s'agit point de couleurs sacramentelles obligatoires individualisées pour les 'Lwa', mais de leurs préférences, pour ce qui a trait aux décorations, ornements et vêtements portés par leurs serviteurs pendant les cérémonies.

BAWON SANMDI

Vocables 'Bawon': 'Bawon Gede, Bawon Kalfou, Bawon Lakwa, Bawon Loray, Bawon Simityè'.
Attributs: 'Lwa' de la mort; gardien des cimetières.
Principaux rites: 'Banda, Bawon, Petwo'.
Icône picturale: Saint François d'Assise.
Couleurs favorites: le blanc, le mauve, et le noir.

Comme tous les 'Bawon', 'Lwa' des cimetières, 'Bawon Sanmdi' est 'Gede'. Lui et sa femme 'Grann Brijit' contrôlent le passage entre la vie et la mort. D'après la tradition Vodou, ils sont les parents de tous les 'Gede'. Le symbole de 'Bawon Sanmdi', c'est la croix. À l'entrée des cimetières d'Haïti, il y a souvent une croix peinte en noir qui, pour les adeptes, le représente.

En voyageant sur les routes rurales du pays, et dans certains villages, on peut remarquer sur des propriétés privées, des constructions en maçonnerie qui ressemblent à des tombeaux: ce sont des autels érigés à 'Bawon Sanmdi' ou à d'autres 'Gede'. Leurs offrandes doivent être toujours déposées dans des récipients noirs. Pendant leurs célébrations, les serviteurs portent des vêtements et des chapeaux noirs.

ÈZILI

Vocables 'Èzili' : 'Èzili Anmin, Balyang, Boumba, Dantò, Doba, Freda Danwonmen, Jewouj, Kawoulou, Makaya, Siniga, Towo, Wangòl ; Metrès Èzili'.
Attributs: 'Lwa' de l'amour té; la Vénus du Vodou.
Principaux rites: 'Danwonmen, Kongo, Petwo, Rada',

Icônes picturales: Notre-Dame de Czestochowa, Notre-Dame du Perpétuel Secours.
Couleurs favorites: le noir, le bleu foncé, et le rouge.

Toutes les 'Èzili' exigent que leurs adeptes dorment avec elles dans une chambre spéciale, certains disent une, d'autres deux fois par semaine, les mardi et jeudi. Toutes les 'Èzili' sont de belles négresses vêtues de bleu avec un foulard rouge au cou. Elles partagent certains goûts : leur prédilection pour les parfums, les bijoux, les vêtements luxueux, mais chacune a sa propre personnalité.

'Èzili Freda' est la femme amoureuse, gracieuse, coquette, charmante qui, pendant la théomorphose, se promène et flirte dans l'assistance en dansant des hanches et semant des baisers par-ci par-là. Elle invite parfois des membres de l'assistance, hommes ou femmes, à danser avec elle.

'Dantò' a sur le côté droit de son visage deux balafres (certains disent trois) infligées par une rivale au cours d'une querelle. Très exigeante et jalouse, elle punit ceux qui lui déplaisent. Dans son 'vèvè', le cœur, symbole de toutes les 'Èzili', est percé par une dague. Elle veille avec dévotion sur sa fille Anaïse.

'Mapyang' partage avec 'Dantò' un si grand nombre des mêmes caractéristiques, y compris les balafres, que ceci peut causer qu'on les confonde. Les deux sont sévères et très exigeantes envers leurs adeptes, surtout s'ils les ont épousées. Les deux aiment le 'griyo' (viande de porc épicée frite), les cigarettes, les boissons alcoolisées, les liqueurs sucrées. Mais dans le 'vèvè' de 'Mapyang, le cœur n'est pas percé par une dague, et elle n'est pas la mère d'Anaïse, la fille de 'Dantò'.

GEDE NIBO

Vocables : 'Papa Gede', 'Gede Nibo'.
Attributs: 'Lwa' de la mort, chef de tous les 'Gede',
le Pluton du Vodou.
Principaux rites: 'Rada, Banda, Bawon, Petwo'.
Icône picturale: Saint Gérard Majella.
Couleurs favorites: le blanc, le noir, et le mauve.

'Gede Nibo', est le chef de tous les 'Gede' et gouverneur des cimetières. Il est assisté dans cette fonction par d'autres 'Gede': 'Bawon Sanmdi, Bawon Lakwa, Bawon Simityè, Kaptenn Zonbi, Jean Zonbi, Janbatis Trasetonm, Jeneral Fouye, Grann Brijit', épouse de 'Bawon Sanmdi'. La croix dans son 'vèvè' représente la mort. Le jour de célébration de 'Gede Nibo' et des autres 'Gede' est le 2 novembre, Fête des Morts catholique, date à laquelle les serviteurs s'habillent en noir ou en blanc, et vont au cimetière. 'Gede Nibo'' s'évertue, le plus souvent sans trop de succès, à contrôler le comportement de ses 'Gede", dont la grossièreté et la mauvaise conduite sont notoires.

GRAN BWA

Vocables : 'Granbwa Nago, Yeye, Zile ; Mèt Granbwa'.
Attributs: 'Lwa' des forêts et des arbres; protecteur des voyageurs égarés; 'Lwa' guérisseur.
Principaux rites: 'Petwo, Rada'.
Icône picturale: Saint Sébastien.
Couleurs favorites: le blanc et rouge, le vert et rouge.

'Granbwa' est invoqué dans des circonstances si mystérieuses et secrètes qu'on évite même de prononcer son nom sans nécessité. Quand on le fait, ce doit être avec le plus grand respect. Les cérémonies en son honneur sont compliquées et se tiennent dans les bois, en pleine nuit. Dû à leur caractère privé, il n'est pas permis à tous d'y assister. Elles comprennent la cueillette de feuilles que les adeptes déposent dans des sacs en paille, pour les transporter ensuite au 'hounfò'. Les offrandes destinées à ce 'Lwa' doivent être, elles aussi, placées dans des sacs en paille. Comme 'Ayizan', 'Granbwa' participe aux rites d'initiation des 'hounsi' et d'intronisation des 'houngan' et 'manbo'. En tant que 'Lwa' guérisseur, il soigne les malades avec 'Loko Atiso', 'Lwa' des plantes médicinales.

GRANN BRIJIT

Vocables : 'Madmwazèl Brijit, Manman Brijit'.
Attributs: gardienne des cimetières.
Principaux rites: 'Banda, Bawon, Petwo'.
Icône picturale: Sainte Brigitte.
Couleurs favorites: le blanc, le mauve, et le noir.

'Grann Brijit' est l'épouse de 'Bawon Sanmdi', père de tous les 'Gede'. Elle serait donc leur mère. Avec son mari et 'Gede Nibo', elle contrôle le passage entre la vie et la mort. Elle exerce une autorité toute particulière dans les cimetières où la première personne enterrée a été une femme.

Elle siège aussi comme juge au Panthéon Vodou, et est en même temps avocate des vivants. C'est à elle que s'adressent ceux-ci, quand ils ont besoin de conseils en cas de désaccord ou de procès. Comme 'Bawon Sanmdi', son symbole est la croix. Mais dans les cimetières, les vodouisants vont prier 'Grann Brijit' non pas devant la croix, mais plutôt à côté des tas de pierres accumulées sur les anciennes tombes. L'initié qui se trouve sous son influence théomorphique se jette par terre, prétend être mort, et parle du nez.

IBO LELE

Vocables : 'Ibo, Ibo Lele, Bwa, Ewa, Ewa Zanzan,
Kata, Kilibwa, Lazil; Grann Ibo', Ayanman Ibo Lele'
Attributs: gardienne des traditions historiques; 'Lwa' de la parole.
Principaux rites: 'Ibo, Makaya, Mondong'.
Couleurs favorites: le blanc, le bleu, le jaune, et le rouge.

'Ibo Lele' est présente partout et toujours. On peut donc l'invoquer n'importe quand. Elle est la gardienne de nos traditions historiques et reste en contact permanent avec les ancêtres, particulièrement l'Empereur Dessalines. La musique et la chorégraphie appropriées pour la circonstance sont évidemment le rythme Ibo et ses danses guerrières. Quant à sa nourriture, elle n'est pas difficile : elle veut tout simplement qu'on lui serve quelque chose. Au point de vue de sa personnalité, elle est indépendante, ambitieuse, et fière. Elle préfère ne pas s'associer aux autres 'Lwa'. Bien qu'elle soit 'Lwa' de la parole, ses adeptes en théomorphose sont taciturnes ou ne parlent qu'en monosyllabes.

LASIRÈN

Vocables: souvent associée avec 'Labalèn' comme 'Lasirèn Labalèn'.
Attributs: 'Lwa' de l'océan et des habitants de la mer.
Principaux rites: 'Danwonmen, Kongo, Petwo, Rada'.
Icônes picturales: Sainte Marthe, Caridad del Cobre.
Couleur favorite: le bleu-vert.

'Lasirèn', 'Èzili' de l'océan, nous vient du Dahomey (Bénin). Épouse de 'Agwe', elle fait partie de l'équipage de son bateau, 'Imamou'. Comme son nom l'indique, c'est une sirène. Avec 'Labalèn', elle participe au sauvetage des naufragés. On la décrit comme une mulâtresse à longue chevelure. D'après la légende, elle aime attirer les femmes sur le rivage pour les emmener sous l'eau, les garder un certain temps, et les transformer en sa propre image. Après quoi, elle les libère. À leur retour sur la terre ferme, elles se sentent d'abord désorientées dans un milieu où personne ne les reconnaît. Mais peu à peu, tout le monde est heureux de découvrir qu'elles sont douées du pouvoir de guérison accordé par 'Lasirèn'.

MARASA

Vocables: 'Marasa Bwa, Ginen, Jimo, Zandò, Kay'.
Attributs: 'Lwa' des jumeaux et des naissances multiples; protecteur des enfants.
Principaux rites: Danwonmen, Rada.
Icône picturale: Saint Côme et Saint Damien.
Couleurs favorites: le blanc et rose, le blanc et bleu clair.

En créole, le mot 'marasa' veut dire 'jumeaux'. Le concept Vodou des 'Marasa ' et de leurs pouvoirs spéciaux inclut non seulement les jumeaux, mais également toutes les naissances multiples. En outre, l'enfant qui suit les jumeaux ou toute autre naissance multiple a encore plus de pouvoirs. Si c'est un garçon, on le surnomme 'Dosou', une fille, Dosa. On appelle 'Choukèt' l'enfant qui précède. Il n'a aucun pouvoir et on le passe souvent en dérision. 'Marasa' est connu pour son appétit glouton. Il exige qu'on lui offre des services appelés 'manje Marasa'. Les adeptes de 'Marasa' en théomorphose mangent sans arrêt, se comportent et pleurnichent comme des enfants gâtés. 'Marasa' préfère qu'on lui dépose ses offrandes par terre.

SOBO

Vocables: 'Kebyesou, Kesou, Lele ; Papa Sobo, Jeneral Sobo'.
Attributs: 'Lwa' des éclairs; symbole de la force; 'Lwa' guerrier.
Principaux rites: 'Danwonmen, Kongo, Petwo, Rada'.
Icône picturale: Saint Roc.
Couleurs favorites: le blanc et le jaune citron.

Comme 'Lwa' des éclairs, le militaire 'Sobo' se trouve sous les ordres de 'Agawou', 'Lwa' suprême des tempêtes. Il est l'ami inséparable de 'Badè', 'Lwa' du vent. Ils sont si proches qu'on les désigne parfois ensemble sous le nom de 'Sobo Badè'. 'Sobo' est doué d'une grande force et renommé pour sa bravoure. Il sert de modèle aux 'houngan' et 'manbo' qui veulent s'assurer le respect de leurs congrégations. Grand Juge du 'hounfò', il peut détruire ou bâtir, punir ou récompenser à sa guise. Il vit au grand air, sous les arbres. L'adepte en théomorphose doit porter l'uniforme de général, et tout le monde est obligé de se tenir debout en sa présence, car le commandant est prêt à s'adresser à ses troupes. Son rôle: défendre le 'hounfò', et garantir la sécurité de la congrégation.

WA WANGÒL (Voir la couverture)

Vocables: 'Wa Wangòl, Mèt Wangòl, Mèt Kongo Wangòl'.
Attributs: symbole de la royauté ancestrale africaine.
Principaux rites: 'Kongo, Wangòl'.
Icône picturale: les Rois Mages.
Couleurs favorites: le noir et le rouge.

'Wa Wangòl' est originaire de l'Angola. C'est un roi comme l'indique son nom. En effet, on l'invoque pour rendre hommage aux rois et princes ancestraux de l'Afrique, et rappeler que de leur vivant, ils avaient l'habitude de participer régulièrement aux cérémonies religieuses dans leurs royaumes. Bien qu'Africain, on honore en lui également la mémoire des premiers habitants de l'île, les Arawaks et les Taïnos, victimes de l'holocauste colonial. Sa fête est célébrée à la même date que celle des Rois Mages, le 6 janvier. Ce jour-là, vodouisants et catholiques organisent de grands dîners, et servent le 'gâto lèwa' (gâteau des rois).

*Fruit du travail de réélaboration qui permet aux esclaves
de recouvrer leur identité, le Vodou est un lieu de mémoire
des luttes contre la Traite et l'esclavage.*
Laënnec Hurbon

SYNCRÉTISME ET ICONOGRAPHIE

La nature syncrétique du Vodou haïtien a conduit au développement d'une iconographie religieuse binaire dans laquelle on peut observer, à la fois, l'influence chrétienne et la présence du substrat ancestral. Cette représentation binaire se manifeste sous la forme d'images de saints catholiques et sous celle de dessins rituels dénommés 'vèvè'.

Les interprétations erronées de la symbiose du Vodou et du Catholicisme ont causé pas mal de controverses et ont donné lieu à des confusions. Tandis que les adeptes du Vodou ne voient aucun mal dans le mélange de leur héritage religieux africain avec des croyances chrétiennes, les clergés chrétiens d'Haïti, leurs ouailles et zélateurs, aujourd'hui les protestants plus que les catholiques, font montre du sectarisme le plus intransigeant.

En parlant du syncrétisme entre le Catholicisme et le Vodou, il importe de noter, par exemple, la pratique fidèle de la religion catholique par les vodouisants, ce qui équivaut tout aussi bien à dire, celle du Vodou par des catholiques. Il existe également un certain parallélisme entre certaines dates du calendrier festif de l'Église romaine et celles de célébrations vodouesques. On a, par exemple, la Fête des Morts catholique et le Service des 'Gede' le 2 novembre, le Noël Vodou, le 25 décembre, quand ont lieu des bains rituels de purification pour obtenir la protection des 'Lwa', les honneurs rendus à 'Wa Wangòl' le jour de la Fête des Rois Mages, le 6 janvier, les célébrations de la Semaine Sainte, etc. La tolérance et la bienveillance du Vodou envers les autres religions en général est remarquable comme le fait remarquer Laënnec Hurbon :

> *La notion de guerre des religions est impensable pour le vodouisant et il ne voit aucune contradiction à être*

simultanément vodouisant et catholique, par exemple. Le prêtre Vodou encourage ses fidèles à pratiquer le christianisme, à recevoir les sacrements.
(Hurbon. *Dieu dans le Vodou*).
(Dans : *Haïti Culture*. Internet).

LES IMAGES

Le trait le plus apparent de l'influence catholique est l'utilisation d'un grand nombre d'images de saints et de saintes pour représenter des 'Lwa'. Plusieurs listes illustrant cette correspondance ont été publiées. Elles ont la vertu de susciter l'intérêt immédiat des lecteurs, et nous ne nous déroberons pas à cette tradition. Cependant, il importe au préalable de mettre le profane bien au courant de la vraie signification religieuse de la correspondance, pour qu'il ne la prenne pas à la lettre. Explorons donc l'origine et le sens de cette pratique. L'usage des images assimilées à des 'Lwa' découle du subterfuge déjà mentionné auquel les esclaves eurent recours quand, en prise à l'interdiction formelle qui leur était faite de pratiquer leurs propres religions, ils se mirent à feindre d'adorer les saints catholiques, tandis qu'en réalité ils servaient leurs 'Lwa'.

Des images ainsi adoptées comme représentations des divinités Vodou ne jouissent pas d'une telle vénération à cause des vertus chrétiennes des saints ou saintes, mais plutôt à cause de leurs noms ou de détails iconographiques. C'est ainsi donc, par exemple, que Saint Joseph, dans le chromo le montrant avec les fleurs de lys correspond à 'Loko Atiso', 'Lwa' des fleurs et des plantes médicinales, et que Saint Pierre représente 'Legba', patron des foyers, à cause de la clé qu'il a en main dans ses images. C'est ce même genre d'analogie qui a déterminé que Saint Patrick et l'Immaculée Conception avec les serpents à leurs pieds soient assimilés à 'Danmbala Wedo' et 'Ayida Wedo' respectivement, couple de 'Lwa' serpents. Rigaud 1953 a son explication ésotérique du choix de certaines images :

> *La vérité est que le saint catholique qui est choisi pour marcher avec telle loa voudou lui correspond ésotériquement d'une manière parfaite par rapport à sa fonction hermétique et scientifique et par rapport à ses attributs symboliques.*
> (Rigaud 1953 : 50).

En jetant un coup d'œil sur l'évolution du Vodou haïtien à travers l'histoire, et les pratiques auxquelles il a actuellement abouti, on constate que le subterfuge des images de saints a bien joué son rôle au début. Mais en plus, à mesure que passait le temps, il est arrivé que les adorations feintes se sont intégrées dans les dogmes du Vodou, et les images de saints catholiques sont devenues de vraies représentations des 'Lwa', à côté des 'vèvè'. Celui-ci est un aspect iconique original de notre religion ancestrale dont nous présentons une discussion détaillée dans ce même chapitre.

Comme conséquence du syncrétisme réel qui s'est développé et étendu, un grand nombre de saints ont été ajoutés à travers les années, après l'indépendance. D'après Reginald Crosley, ce syncrétisme a évolué au-delà des limites de son début :

> *Le syncrétisme du Vodou haïtien est bien plus qu'un simple échange d'icônes, de prières, de mantras et d'invocations. Il est aussi davantage qu'un simple comportement théâtral pour confondre les esclavagistes de la période coloniale. Il est la synthèse de deux ensembles de révélations et de deux cosmogonies conduisant à une compréhension dialectique et holistique de la réalité.*
> (Crosley 2002 : 121).

LISTE DE QUELQUES 'LWA' ET DES SAINTS CORRESPONDANTS

Agasou	Saint Michel Archange
Agawou	Saint Jean
Agwe Taroyo	Saint Ulrick
Atibon Legba	Saint Lazarre
Ayida Lakansyèl	Notre-Dame du Mont Carmel
Ayizan	Sainte Lucille
Ayida Wedo	La Ste. Vierge Immaculée
Bawon Lakwa	Saint François d'Assises
Bawon Sanmdi	Saint Gérard Majella
Bosou Twa Kòn	Saint Vincent de Paul
Danmbala Lakansyèl	Saint Moïse
Danmbala Wedo	Saint Patrick
Èzili Freda	N.D. du Perpétuel Secours
Filomiz	Sainte Philomène
Grann Alouba	Mater Dolorosa
Grann Aloumandya	Mater Dolorosa
Grann Batala	Sainte Anne
Grann Brijit	Sainte Brigitte
Grann Èzili	Mater Dolorosa
Gede Nibo	Saint Gérard Majella
Jan Batis Trase Tonm	Saint Jean Baptiste
Kaptenn Zonbi	Saint François d'Assises
Klèmezin Klèmèy	Sainte Claire
Lasirèn	Caridad del Cobre
Legba Mèt Pòtay	Saint Pierre
Legba Mèt Kalfou	Saint Lazare
Lenglensou	Saint Michel
Loko Atiso	Saint Joseph
Marasa	Saint Côme et Saint Damien
Ogou Badagri	Saint Jacques le Majeur
Ogou Balendjo	Saint Jacques le Majeur
Ogou Batala	Saint Philippe

Ogou Feray	Saint Georges
Ogou Chango	Saint Georges
Pyè Danmbala	Saint Pierre
Pyè Dantò	Saint Pierre
Silvani Mede	Notre-Dame de la Merci
Simbi Yandezo	Les 3 Rois Mages
Simbi Bwa	Les 3 Rois Mages
Simbi Dlo	Les 3 Rois Mages
Ti Jan Dantò	Saint Jean l'Évangéliste
Zaka	Saint Isidore

LES 'VÈVÈ'

Cérémoniellement, les 'vèvè' identifient les 'Lwa' invoqués dont on attend la descente par le 'potomitan'. Ce sont des dessins rituels que le célébrant, à la fois prêtre et artiste trace sur le sol, autour du 'potomitan', au début des cérémonies, en s'adressant, par des formules rituelles, aux 'Lwa' qu'ils représentent. Selon les rites et les 'Lwa', les 'vèvè' sont réalisés avec du café moulu, de la farine de maïs ou de blé, des cendres de charbon de bois, de la poudre à canon, du talc, etc. Ces substances sont connues sous le nom de 'farin ginen' (farine de Guinée).

Le 'houngan' ou la 'manbo' accomplit cette tâche avec grande dextérité, en semant de toutes petites portions de la substance pulvérisée, qu'ils laissent passer au fur et à mesure entre le pouce et l'index. Cette démonstration de leur remarquable talent artistique s'appelle 'file farin' (filer la farine). Voir les dessins de 'vèvè' aux pages suivantes :

16, Èzili Freda Danwomen
48, Legba Atibon
49, Ogou Chango
57, Ayizan

111, Milokan
113, Agasou
115, Danmbala et Ayida Wedo
115, Agwe Tawoyo (bateau 'Imamou')

    Les 'vèvè' jouent un rôle primordial dans la religion. Ils sont les portes que les 'Lwa devront franchir pour pénétrer au 'peristil' à leur arrivée par le 'potomitan'. Les danses, étapes importantes vers la théomorphose, se font autour d'eux et sur eux. C'est sur eux aussi et sur le 'pe' ou autel du 'peristil' qu'on dépose l'animal sacrificiel, les offrandes des serviteurs et des invités, les boissons et mets favoris des 'Lwa'.

    Pour dessiner les 'vèvè', le célébrant commence par tracer leur axe central à partir du "potomitan'. Celui-ci est le point de départ de presque tous les 'vèvè'. Suivent les motifs principaux, pour arriver finalement aux menus détails des alentours connus sous le nom de 'pwen'. Comme illustration de 'pwen', citons les étoiles, petites croix, signes maçonniques, petits cercles, etc., selon le choix de l'officiant.

    Les 'vèvè' peuvent être figuratifs ou abstraits. Par exemple, à cause du bateau d' 'Agwe', du cœur d' 'Èzili', des serpents de 'Danmbala' et 'Ayida', ces 'vèvè" sont figuratifs, tandis que ceux de 'Agasou' et 'Ayizan' sont abstraits. Si les 'Espri' invoqués sont nombreux, plusieurs 'vèvè' peuvent s'enchaîner autour du 'potomitan' et couvrir une grande partie de la surface du 'peristil', pour former un ensemble qu'on appelle 'Milokan'.

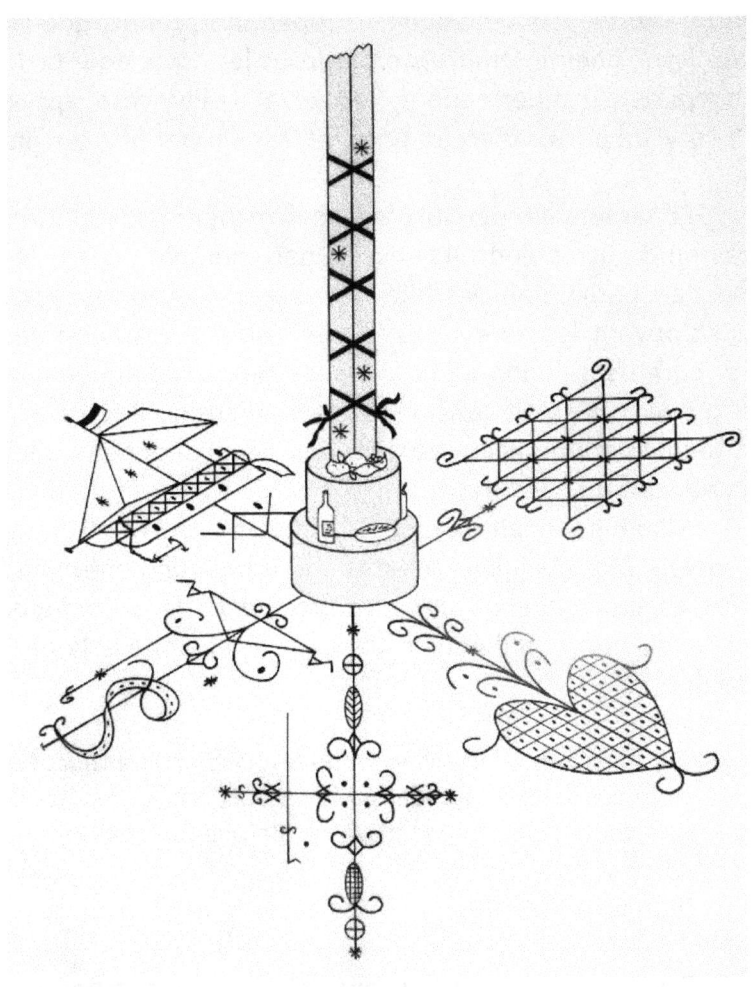

Milokan

'Milokan' : dans le sens des aiguilles d'une montre : le 'Potomitan', 'Ogou Badagri, Èzili Freda, Legba Atibon, Loko Atiso, Agwe Tawoyo'.

Les adeptes croient dans le pouvoir des 'vèvè' d'attirer les divinités. Avec le 'potomitan', ils constituent le point de convergence de toutes les activités rituelles, jusqu'à l'arrivée du ou des 'Lwa' invoqués. Cependant, tandis que le 'potomitan', chemin emprunté par tous les 'Lwa' pour arriver au 'peristil' est permanent, les 'vèvè' de leur côté, après avoir servi de portes d'accès pour les 'Lwa' n'ont plus aucun rôle.

En dehors du 'peristil', les 'vèvè' rituels peuvent être tracés en d'autres endroits sacrés, par exemple devant les autels des 'badji', dans les 'djevò', au pied des arbres reposoirs et devant les autels des ''Gede'' etc. Il y a aussi des 'vèvè' curatifs qu'on emploie dans les services de guérison. Pour qu'un 'vèvè' soit considéré rituel, il faut qu'il soit tracé dans un but cérémonial ou curatif. Les 'vèvè' dessinés sur les murs ne sont que décoratifs.

Milo Rigaud fait ressortir le pouvoir astral et magique des 'vèvè'. D'après lui, ils constituent *le facteur cérémoniel le plus spectaculaire du culte voudoo, avec le potomitan*. Voici l'explication qu'il nous offre de ce qu'il appelle la descente des *'Lwa'*:

> *Au cours des cérémonies vodouesques, la reproduction de forces astrales figurées par les Vèvès oblige les loas, qui sont des figurations d'astres, d'étoiles, de planètes, à descendre sur la terre.*
> (Rigaud 1973: 99).

De nombreux auteurs ont fait des recherches sur l'histoire et l'évolution des 'vèvè', et semblent être relativement d'accord sur leur origine cosmopolite, avec quelques divergences. Métraux fait remarquer leurs traits afro-européens:

Si les vèvè sont d'origine dahoméenne, leur style est nettement européen. Les volutes et les entrelaces rappellent les motifs de ferronnerie et les broderies à la mode au XVIIIème siècle.
(Métraux 1958: 148).

Agasou
'Lwa' des tempêtes et du tonnerre

Maximilien fait remonter l'origine des 'vèvè' à l'époque des civilisations précolombiennes, et souligne l'influence de la magie occidentale:

... les vèvè descendent de la tradition religieuse des Indiens. Ces derniers les réalisaient par des procédés analogues à ceux des Haïtiens. Au cours des temps, les

> *motifs indiens ont été partiellement remplacés, sous l'influence coloniale française, par ceux de la magie.*
> (Maximilien 1945: 42).

Benjamin ne rejette pas le fait que le Vodou a beaucoup emprunté de la magie française, mais il n'est pas d'accord en ce qui concerne le remplacement partiel des motifs des 'vèvè' par ceux de la magie:

> *Il est certain que beaucoup d'emprunts ont été faits de la magie française par le Vaudou. Cependant, quant à des emprunts faits de pentacles et talismans, cela ne semble pas considérable dans l'élaboration des vèvès, quoi qu'on dise.*
> (Benjamin 1976: 44).

Après une excellente discussion du sujet dont nous recommandons la lecture, l'auteur de *Introspection dans l'inconnu* conclut en mettant l'accent sur le caractère symbolique des 'vèvè':

> *En définitive, la conception du 'vèvè' tient du symbolisme qui vise à représenter une idée abstraite par un dessin, une image concrète.*
> (Benjamin 1976: 52).

'Danmbala' et *'Ayida Wedo'*
Lwa serpent

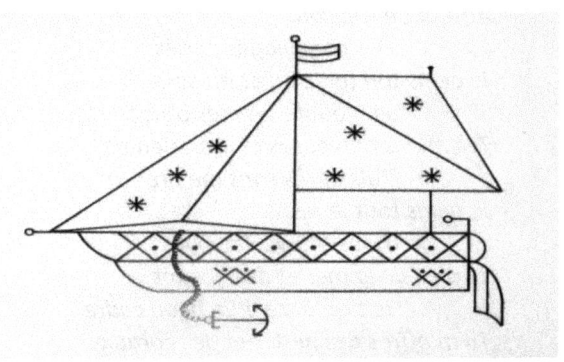

'Imamou'
Bateau de *'Agwe Tawoyo'*
'Lwa' des océans

IMAMOU
Poème de Nancy T. Férère

Je m'achète un canevas
        Des pinceaux
Et de la peinture à l'eau
        Je cherche mon chevalet
Je situe deux chaises
        Sur la plage ensoleillée
L'une en face de l'autre
        L'une pour toi
L'autre pour moi
        Derrière toi la mer houleuse
Je commence par tracer
        Tes doux yeux d'abord
Qui me charment tendrement
        Tes longs cils noirs
Tes lèvres sensuelles au goût de sel
        Au menton je prête attention
À ce trou de beauté
        Qui se centre sous ta bouche
Autour de ton cou
        Des coquillages perlés
Je peins ton torse nu et musclé
        Je n'oublie pas tes bras forts
Tes mains nerveuses et impatientes
        Puis après sans me presser
Je peins tout le reste
        Tu es 'Agwe Tawoyo'
Le dieu de la mer et des océans
        Je t'entoure d'un beau cadre
Tu m'offres des perles et des coraux
        Tu m'invites à partager
Ton berceau rêveur 'Imamou'
        Le roulis du bonheur enchanteur
Ton foyer aux coloris marins
        Au fond de cet abysse vertigineux
Je me laisse faire dans tes bras je me soûle
        Enfin mes pieds nus ne seront plus
Sur le rivage à jamais perdu

DANSES, MUSIQUE, THÉÂTRE

LES DANSES ET LA MUSIQUE

On répète souvent que le Vodou est une religion de danses. Des études sérieuses sur la chorégraphie des danses du Vodou haïtien commencèrent en 1941 sur l'initiative de Jacques Roumain quand il fonda le Bureau d'ethnologie. Sous sa direction d'abord et celle de Lorimer Denis ensuite, après qu'il fut exilé au Mexique par le président Lescot, sous prétexte d'y être envoyé comme chargé d'affaires, le Bureau procéda au recrutement d'hommes et de femmes qui connaissaient déjà les danses par routine. Roumain, Denis et leurs collègues les firent danser, les observèrent, se mirent à analyser et à apprendre eux-mêmes les divers pas et mouvements. Ainsi, ils purent découvrir la chorégraphie des divers rites, et ils enseignèrent la théorie à leurs recrues. Plusieurs de celles-ci, comme par exemple Jean-Léon Destiné, devinrent de grands artistes reconnus en Haïti et à l'étranger. Parmi les danses Vodou les plus connues citons les suivantes : 'Amin, Awousa, Banbara, Banda, Boumba, Danwonmen, Djouba, Fon, Foula, Ginen, Ibo, Kaplawou, Kita, Kongo, Krabinen, Makanda, Maskawon, Maskòt, Mahi, Mayonbe, Mereng, Mondong, Mousongi, Nago, Petwo, Rada, Salengo, Yanvalou, etc.

Certaines danses très populaires, en plus de leur nomenclature principale, ont plusieurs variétés. C'est ainsi qu'on a par exemple : 'kongo kreyòl, kongo ginen, kongo petwo, kongo payèt, yanvalou nago, yanvalou doba, yanvalou debou, yanvalou zepòl', danwonmen zepòl, petwo zepòl, etc. Voici la belle description que nous fait Maximilien de celle-ci :

> ... *rien de plus gracieux que le 'Petro Z'épaule' ou la danse de Maccaya ; une femme, le torse dressé comme*

une amphore, le cou et la tête suivant le même mouvement, les mains sur les hanches, vivante, progressant sur le sol dans un mouvement balancé, souple et ininterrompu ; la majesté de la femme a la grâce du cygne ajoutée.
(Maximilien 1945 : 214).

La musique est une composante importante des cérémonies. Elle est procurée par l'orchestre Vodou composé du chœur des 'hounsi' et des musiciens, sous la direction du 'houngenikon'. Les chants sont choisis d'après les 'Lwa' honorés, le répertoire du chœur, le but du service, les dates festives, les rites, etc. Le premier chant est toujours le salut à Legba : 'Papa Legba louvri baryè a pou mwen', 'Papa Legba' ouvre-moi la barrière.

Le répertoire des chants est extrêmement vaste. Au grand nombre qui existe déjà, de nouveaux sont de temps à autre ajoutés. Ils diffèrent entre eux d'après les rites, 'Rada, Ibo, Kongo Mahi, Petwo, Kaplawou, Amin, Kita, Makanda, etc., les rythmes, les rituels, les 'Lwa', les époques de l'année, les occasions festives, les régions, les 'hounfò', les choix ou goûts personnels des 'houngan', 'manbo', 'hounsi', ou des membres du cœur, etc.

Parmi les instruments de l'orchestre notons : l'ogan, espèce de cloche sans battant que l'ogantier frappe avec une tige en métal, le triangle, lui aussi en fer, la flute, la clochette, le sifflet, et le plus important de tous, le tambour. Tous les autres instruments peuvent être absents, mais le tambour sera toujours présent, excepté dans les cas où c'est matériellement impossible, comme par exemple, pour les services dans des résidences privées. Il jouit d'une telle vénération que la religion lui a attribué son propre statut de divinité en la personne d'un 'Lwa' dénommé 'Hountò'. 'Hountò' c'est l'esprit des tambours. Le mot est aussi employé sous diverses formes pour désigner les tambours eux-mêmes.

Dans une batterie de trois tambours, le plus petit s'appelle 'hountòyi', le deuxième 'hountògy', et le plus grand 'hountò'. En plus de ces trois noms rituels, les tambours ont également des sobriquets. Dans les services 'Rada', par exemple, qui se font avec trois tambours ou des groupes de trois: le plus grand est connu populairement sous le nom de 'manman penmba', le deuxième 'segon', et le plus petit, 'boula'. Dans le rite 'Petwo', on se sert de deux tambours, ou de groupes de deux, le grand étant le 'gwo baka', le petit le 'ti baka'. Le rite 'kongo' utilise également deux tambours ou des groupes de deux.

Le tambour est l'instrument rituel essentiel du Vodou. Comme instrument consacré, il est censé avoir le pouvoir de communiquer avec les 'Lwa' et de faciliter leur voyage sur la terre, en produisant des rythmes qui sont la réflexion de leurs caractéristiques. Chaque 'Lwa' a ses rythmes particuliers, et les tambourineurs sont censés les connaître.

Pour les cérémonies, on trace le 'vèvè hountò' devant les tambourineurs. Dû à l'importance cruciale de leur rôle, ceux-ci sont en général des personnes admirées, populaires et respectées, non seulement dans leur 'lakou', leur 'hounfò' et leur communauté, mais aussi par tous ceux qui les connaissent. Certains croient qu'ils offrent leurs meilleures performances quand ils sont en théomorphose avec 'Hountò'.

Le plus grand et plus important de tous les tambours du Vodou s'appelle 'Asòtò'. Il a fait l'objet de l'essai de Jacques Roumain, « Le Sacrifice du tambour Assotor ». Il est d'une dimension si gigantesque qu'il doit être battu par plusieurs tambourineurs à la fois, perchés sur une haute plate-forme, ou assis sur de grandes chaises spéciales ; ils doivent tous être des initiés. On ne touche pas à un 'Asòtò', si on ne l'est pas, et il se peut même qu'on empêche qu'un non initié s'en approche de trop près. Le Vodou a inscrit 'Asòtò' dans son Panthéon de 'Lwa' où, à côté de 'Hountò', il représente tous les tambours. Il a son propre 'vèvè'. Des cérémonies sont organisées en son honneur comme pour tout autre 'Lwa'. C'est un fier privilège pour un 'hounfò' que de posséder un 'Asòtò'. Ceux qui ont cette chance exceptionnelle le gardent précieusement dans une pièce spéciale d'où on ne le fait sortir que pour des occasions vraiment importantes.

LE THÉÂTRE

Plus que musique et danse, le Vodou est aussi théâtre, et ses cérémonies, en tant qu'œuvres dramatiques, comprennent une variété de scènes, les plus spectaculaires étant la théomorphose et les danses qui la précèdent, l'accompagnent et la suivent. Les acteurs principaux sont le 'houngan' ou la 'manbo' et les criseurs, soutenus par les adeptes qui seront sur la planche à tour de rôle, danseurs, musiciens et chœur. Des rites, des circonstances et des 'Lwa' honorés dépendront le choix des chants, les rythmes des tambours, la chorégraphie des danses, les salutations, les gestes, etc., sans oublier les costumes, les ornements, et la préparation préalable de la salle et de la scène.

Dans le théâtre Vodou, la salle c'est le 'peristil', et la scène, ce sont les alentours du 'potomitan' où seront tracés les 'vèvè', les espaces réservés au chœur des 'hounsi', aux musiciens, aux danseurs, etc. Un peu plus loin du centre du 'peristil', des chaises ou des bancs pour les dignitaires, les invités et le public. Les costumes et les ornements sont un facteur auquel les 'Lwa' attachent une grande importance. Tout doit être prêt pour qu'aussitôt qu'un initié tombe en transe, on lui apporte les vêtements et ornements du 'Lwa', comme par exemple, le bâton ou la béquille de 'Legba', le costume noir ou blanc de 'Papa Gede', le chapeau en paille et le sac de 'Zaka', la machette et le mouchoir rouge d' 'Ogou', etc.

Les analyses du Vodou comme théâtre avaient été négligées par nos chercheurs et écrivains depuis les contributions d'Antonio Louis-Jean, avec *La Crise de possession et la possession dramatique,* en 1970, et de Frank Fouché, avec *Vodou et théâtre,* en 1974, jusqu'à la publication en 2003 de *Vodou a Sacred Theatre* par le docteur Marie-José Alcide Saint-Lot, livre bien documenté et riche en détails. Cette publication, fruit de plus de vingt ans de recherches et de labeur en Haïti, en Afrique, et aux États-Unis est une contribution unique et indispensable à la compréhension de cet important élément de notre culture.

*Ce n'est pas tant le chant qui est sacré,
c'est le lien qu'il crée entre les êtres.*
Philippe Barraqué

CONCLUSION

POUR UNE GUÉRILLA DE LA CULTURE NATIONALE

Tout au long de son existence, le Vodou haïtien n'a pas cessé d'être la cible d'attaques injustes, d'accusations et de calomnies malveillantes émanant tant de l'étranger que d'Haïti. Beaucoup de compatriotes, des citadins surtout, soi-disant éduqués, n'arrivent pas à accepter qu'il est une vraie et digne religion et le couvrent publiquement de leur mépris. Après plus de 200 ans d'indépendance, les séquelles des quatre siècles de l'Holocauste Nègre pendant lesquels l'âme, le corps et l'esprit de l'Africain ont été violés, survivent encore chez des concitoyens, grands admirateurs de l'histoire et de la culture blanches, produits sans racine de leur petit milieu qui attache beaucoup de valeur à l'héritage des esclavagistes, et rejette ses vraies racines. Au lieu d'apprécier notre riche patrimoine religieux légué par notre Mère Afrique, ils lui reprochent ce qu'ils appellent son 'primitivisme'.

Dans certains cas, une telle attitude est due au lavage de cerveau systématique auquel ils ont été soumis, soit par des prêtres et des pasteurs sectaires, soit par un système scolaire qui place les valeurs étrangères au-dessus des nôtres; dans d'autres, il s'agit de préjugés sociaux émanant de leur désir de s'assimiler à une culture d'adoption blanche avec laquelle, quoi qu'ils fassent, ils ne cadreront jamais, car nos souches demeurent africaines. Il leur faut donc sans cesse afficher leur identité d'adoption.

Pour certains individus, c'est leur conscience, leurs vérités cachées, leur emploi secret de la magie qui les empêchent de reconnaître au Vodou sa qualité de vraie religion, car ils voient dans les 'houngan' qu'ils consultent régulièrement à la recherche de la satisfaction de leurs ambitions cupides ou maléfiques, non pas des prêtres, mais des sorciers. Maximilien les fustige avec une juste sévérité :

> *L'élite haïtienne vis-à-vis de lui* (le Vodou) *garde une attitude de profond mépris et de crainte à cause du diabolisme qui lui est accordé gratuitement. Cette dernière position s'explique par le recul de certains membres de cette élite habitués à s'adresser, dans leur cupidité, au magicien plutôt qu'au grand-prêtre.*
> (Maximilien 1945 : 223).

Nous reconnaissons que, de son côté, le Vodou n'est pas sans ses torts. La présence de croyances irrationnelles, enfantines qui existent chez des pratiquants, ces histoires de 'wanga, zonbi, voye-mò, bay gwo pye, baka, etc., causent qu'on lui attache des étiquettes négatives. Il faut que les vodouisants en particulier et les Haïtiens en général se débarrassent de ces absurdités et de leur tendance à voir le merveilleux partout. Il faut qu'ils se libèrent des lubies phobiques de forces mystérieuses qui les hantent et contrôlent leur comportement et leur existence même. Il est temps enfin que les Haïtiens arrivent à se démystifier. Nous sommes du même avis que Benjamin :

> *... il ne reste pas moins vrai que le Vodou contient un nombre considérable de croyances puériles, handicap au développement harmonieux de la personne humaine, entrave même à celui du pays. Le vaudouisant, en effet, voit partout l'intervention des dieux (loas) dans sa vie pr-i vée aussi bien que dans la vie nationale : la mauvaise récolte, la mort d'un membre de la famille, l'élection d'un président.*
> (Benjamin 1976 : 10).

Mais ces comportements simplistes ne sont elles-mêmes que la conséquence de l'ignorance, des conditions socio- économiques et politiques primitives qui ont toujours prévalu dans le pays depuis l'indépendance. Le recul des croyances dans le merveilleux est-il possible si notre recul national endémique persiste ? Ce qui revient à dire que le Vodou est lui-même victime, comme le pays tout entier, de la survivance perpétuelle de la misère, de la peur, de la faim, des maladies, de la crainte du lendemain, de l'ignorance, des abus d'autorité, de l'exploitation sans merci, du manque de respect des droits de l'homme, du sous-développement chronique, des préjugés raciaux, sociaux, religieux, etc. Le Vodou n'est pas responsable de tout cela. Rien ne changera en le persécutant.

Il faut aussi combattre les pratiques malhonnêtes et la corruption chez les mauvais ou faux 'houngan' et 'manbo', les 'bòkò men gòch', les 'doktè fèy' charlatans, les 'divinò' menteurs, etc. prêts à tout faire, à tout dire, à tout promettre au nom des 'Lwa', pour quelques sous ; aussi bien que les profanations cupides et la commercialisation sans scrupule qui rongent la réputation de la religion et celle d'Haïti même : à des buts purement lucratifs, de faux 'hounfò' avec leurs faux 'houngan' et 'manbo' se sont multipliés dans les environs de Port-au-Prince. Aussitôt qu'un étranger débarque, il est assailli de toutes parts par les vendeurs de cérémonies, et il peut immédiatement s'acheter le service de son choix. S'il s'agissait seulement de représentations artistiques, il n'y aurait certes aucun mal. Cependant, on reconstitue pour les visiteurs des scènes aussi sérieuses que les sacrifices et la théomorphose, tout en ayant soin d'exagérer leurs apparences mystérieuses. Comme la plupart des touristes ne sont que des naïfs, ils prennent tout à la lettre et s'en retournent chez eux propager leur conviction qu'Haïti est la terre de la sorcellerie. Ces pratiques contribuent à notre dénigrement et elles doivent cesser.

Que le pays parvienne enfin à sortir du gouffre de son sous-développement endémique et à se libérer des ornières de la misère ; que les 'hounfò' logent dans de beaux bâtiments ; que les 'potomitan' soient construits en bois sculpté avec des 'pe' en marbre ou en granit; que les 'ason' soient décorés de perles ; qu'un plus grand nombre de nos 'houngan' et 'manbo' arrivent à acquérir la formation intellectuelle et religieuse des Milo Rigaud, Max Beauvoir, Mathilda Beauvoir, Patrick Bellegarde-Smith, Érol Josué, Guérin Montilus, Arnold Elie, Marcelle Laguerre, Reginald Bailly, Claude Perpignant, Margaret Armand, Ronald Derenoncourt, etc., alors, ce soi-disant primitivisme qui rappelle tant le Moyen-Âge européen s'évanouira par le miracle du développement et de l'éducation.

Quant à présent, il faut tenir compte de l'énorme richesse culturelle ancestrale que le Vodou représente, et porter des jugements avec plus de bienveillance, moins de mépris, plus de tolérance, moins de sectarisme, plus d'amour, moins d'aversion, plus de bonté, moins de méchanceté envers nos vodouisants, et surtout jamais de persécution, ni de force brutale, ni de violence.

Bien plus que religion, le Vodou est aussi tradition, style de vie familiale, loisirs, folklore, littérature, musique, danse, théâtre, art visuel. Jacques Alexis, dans *Les Arbres Musiciens* l'appelle *l'âme du peuple, sa vraie foi et sa seule ressource.* (Alexis 1957:174). Il rend un service énorme quant à la santé physique et mentale de la majorité de la population. Les bons 'doktè fèy' sont le plus souvent ses seuls guérisseurs, car dans les campagnes haïtiennes, il n'y a généralement aucuns soins médicaux, pas d'hôpitaux, pas de médecins.

Jusqu'ici, ce sont surtout les aspects religieux et psychologiques du Vodou qui ont fait l'objet de la plupart des recherches; il nous reste encore beaucoup à découvrir. Signalons dans ce sens les nouveaux ouvrages suivants:

Haïti: *Le Vodou au troisième millénaire,* anthologie qui contient des essais à caractère littéraire, métaphysique, social, et politique, édité par Frantz-Antoine Leconte ; *Vodou a Sacred Theatre* de Marie-José Alcide Saint-Lot ; *Vèvè : L'Art rituel du Vodou haïtien / Ritual Art of Haitian Vodou / Arte ritual del vodú haitiano,* livre/album artistique trilingue de Nancy Turnier-Férère ; *Healing in the Home-land Haitian Vodou Tradition* de Margaret Mitchell Armand.

Docteur Mitchell Armand a eu à nous faire l'honneur de nous inclure parmi les personnes qu'elle avait choisies pour être interviewées alors qu'elle préparait sa thèse. Toutefois, pendant notre entretien, c'est nous qui avons eu à apprendre d'elle. Avec cet ouvrage, elle offre une remarquable contribution à l'historiographie du Vodou, depuis les origines jusqu'aux temps plus récents. C'est un livre qui inaugure un nouveau champ d'études sur le Vodou.

En 1953, Milo Rigaud, dans *La Tradition Voudoesque et ses incidences*, soulignait l'habileté qu'avait le Vodou à se survivre *perpétuellement.* En 1958, Métraux, dans *Le Vaudou haïtien*, affirmait de son côté qu'il devra disparaître. Aujourd'hui, de nombreuses années après cette prédiction, il survit encore et continue à rendre de grands services quant aux besoins religieux, mentaux, et thérapeutiques de nos concitoyens. Face aux tribulations qui les assiègent chaque jour, le culte leur offre une source d'espoir, une illusion peut-être, l'impression qu'ils peuvent, grâce aux 'Lwa', contrôler un peu leur ambiance spirituelle et matérielle. La mission du Vodou dépasse les frontières traditionnelles des religions.

Dans *Le Vaudou Haïtien,* le docteur Louis Maximilien constatait :

> *Il entre dans le destin d'Haïti d'être une terre opprimée pour avoir été une terre de colonisation. Un système colonial grossier – à ce point de vue là – admettait que*

> *rien de bon ne pouvait sortir de l'esclave, et qu'il fallait dégrader le spirituel chez ce dernier, après l'avoir dégradé lui-même dans sa chair. Malheureusement, cette conception influence encore de trop nombreux cerveaux. Elle est bien plus forte que les chaînes rompues par les Guerres de l'Indépendance. Que des penseurs authentiquement haïtiens viennent compléter l'œuvre des hommes d'armes; car rien ne peut outrer davantage que cette attitude du pseudo-intellectuel qui, par crainte, se détourne systématiquement du Vodou, en croyant que le diable peut être incarné dans un petit cochon noir.*
> (Maximilien 1945 : xxiv).

Il est plus que temps que nous remédiions à cette *"dégradation du spirituel"*. Le bon combat il nous faut le mener partout, chez nous et au-delà de nos frontières. Tous, qui et où que nous soyons, il nous faut devenir les *"penseurs authentiquement Haïtiens"* souhaités par Louis Maximilien pour *compléter l'œuvre des hommes d'armes*.

Aujourd'hui plus que jamais, notre pays a besoin d'une véritable cure de réhabilitation de son image, de son prestige, de sa réputation. Au seuil du XXIème siècle, il faut que tous, sur la terre natale ou de notre exil en diaspora, nous nous engagions dans une vraie guérilla de la culture nationale.

GLOSSAIRE

Pour les noms des 'Lwa', voir les listes dans le texte. Pour les noms de quelques danses, voir la page 117.

Abobo : Salutation 'Rada' correspondant au « Hosanna » latin.

Asen : Support en métal servant à accrocher les objets rituels.

Ason : Hochet rituel fait d'une calebasse creuse. Symbole du pouvoir du prêtre.

Asòtò : Le plus grand des tambours du Vodou.

Ati : Titre de grand prêtre Vodou.

Badji : Salle principale du 'hounfò' logeant le ou les 'pe'.

Bilolo : Salutation 'Petwo' correspondant au « Hosanna » latin.

Bòkò : Houngan, dans le Nord d'Haïti. Mais le mot est employé péjorativement dans d'autres régions du pays pour désigner les houngans qui pratiquent la sorcellerie.

Bosal : Initié novice.

Boule zen : Cérémonie d'initiation des 'hounsi kanzo' et rituel funéraire.

Candomblé : Variante du Vodou pratiquée au Brésil.

Créole : Langue vernaculaire d'Haïti.

Danwonmen : Rite Vodou.

Degre : Pouvoir mystique Vodou.

Desounen : Rituel pour enlever les pouvoirs spirituels à un initié mort.

Djevò : Salle d'initiation du 'hounfò', parfois située derrière le 'badji'.

Doktè fèy : Guérisseur Vodou. Il est censé connaître les plantes.

Gede : 'Lwa' de la mort et des cimetières.

Govi : Vase consacré aux 'Lwa'.

Gwo Bonanj : Âme responsable de l'existence matérielle.

Ti Bonanj : Âme qui constitue l'essence de la personne.

Gran Mèt : Terme Vodou pour Dieu.

Houngan : Prêtre Vodou.

Houngenikon : Chef du chœur.

Hounfò : Temple Vodou.

Hounsi : Initié.

Hounsi Kanzo : Rang le plus élevé avant d'être 'houngan' ou 'manbo'.

Hountò : 'Lwa' des tambours.

Hounyò : Postulants 'hounsi kanzo'.

Ibo : Rite Vodou.

Kongo : Rite Vodou.

Kouche kanzo : Rituel de l'initiation 'kanzo'.

Lakou : Propriété communautaire du ou des 'hounfò'.

Laplas : Maître de cérémonie.

Lwa : 'Espri' Vodou.

Macumba : Variante du Vodou pratiquée au Brésil.

Manbo : Prêtresse Vodou.

Milokan : Groupe de 'vèvè' tracés autour du 'potomitan'.

Obeah : Variante du Vodou pratiquée en Jamaïque.

Ogan : Instrument musical, petite cloche sans battant.

Pakèt : Talisman multicolore ayant la forme de paquet.

Pe : Plateforme bâtie à la base du 'potomitan' et dans les 'badji'. Autel des 'Lwa'.

Peristil : Galerie couverte et ouverte au centre de laquelle se trouve le 'potomitan'.

Petwo : Rite Vodou le plus populaire après le 'Rada'.

Potomitan : Poteau central du 'peristil'. Chemin d'arrivée des 'Lwa' sur la terre.

Rada : Le plus populaire des rites du Vodou.

Repozwa : Arbre sacré dans les cours des 'hounfò'.

Santería : Variante du Vodou pratiquée à Cuba, Porto Rico, République Dominicaine.

Souvenance : Fameux 'hounfò' 'Rada' situé près des Gonaïves.

Théomorphose : Transe vodouesque. Incarnation du 'Lwa' dans son adepte.

Vèvè : Dessin rituel iconographique des 'Lwa'.

Wangòl : Rite Vodou. 'Lwa' Vodou.

Wete nanm nan dlo : Cérémonie funéraire.

Zen : Récipient servant à la préparation des mets.

INDEX DES AUTEURS CITÉS OU MENTIONNÉS

ALCIDE SAINT-LOT, Marie-José, 20, 81, 121, 127
ALEXIS, Jacques Stéphen, 20, 32, 126
ARMAND, Margaret Mitchell, 20, 126, 127
BARRAQUÉ, Philippe, 122
BEAUVOIR, Max, 24, 25, 38, 62, 126
BELLEGARDE-SMITH, Patrick, 20, 126
BENEDICT, Camille Lownds, 24
BENJAMIN, René, 20, 21, 24, 44, 61, 64, 65, 74, 86, 87, 88, 114, 124
BERNADIN, Frantz, 74
BILLMAN, France, 81
BOBIN, Christian, 90
BROWNE, Sir Thomas, 27
COMHAIRE, Jean, 22
CRAIG, John H., 67
CROSLEY, Reginald O., 37, 38, 40, 54, 71, 72, 74, 77, 86, 107, 108
DAVIS, Wade, 23
DÉITA, 20
DENIS, Lorimer, 20, 29, 117
DESCOURTILZ, Michel Etienne, 44
DESMANGLES, Leslie, 20
DESQUIRON, Lilas, 20
DOMINIQUE, Rachel Beauvoir, 20
DORSAINVIL, J.C., 20, 74, 88
DOUYON, Emerson, 20, 74, 75, 76, 77, 78, 82, 84, 88
DOUYON, Lamarque, 20
EINSTEIN, Albert, 70
FÉRÈRE, Gérard A., 17, 18, 145
FÉRÈRE, Nancy Turnier, 15, 19, 52, 95, 116, 127
HAÏTI-OBSERVATEUR, 34

HERSKOVITS, Melville, 35
HOFFMANN, Léon-François, 43, 72, 73, 74, 76
HURBON, Laënnec, 20, 40, 104, 105, 106
LAGUERRE, Michel, 20
LAROCHE, Maximilien, 20
LECONTE, Frantz A., 127
LE RUZIC, Mgr. Ignace-Marie, 28
LOUIS-JEAN, Antonio, 121
MABILLE, Pierre, 26
MARS, Louis, 20, 74, 77-80, 82, 88
MAXIMILIEN, Louis, 20, 26, 40, 41, 47, 58, 74, 75, 80-82, 86, 88, 113, 114,
    117, 118, 124, 127, 128
McCARTHY-BROWN, Karen, 20
MÉTRAUX, Alfred, 20, 25, 26, 28, 29, 44-46, 51, 74, 75, 85, 88, 112,
    113, 127
MONTILUS, Guérin, 126
PIERRE-LOUIS, Menan et Patrick, 31
PLANSON, Claude, 20, 53
PRICE-MARS, Jean, 38, 39, 74, 75, 89
RIGAUD, Milo, 20, 31, 32, 43, 61, 74, 82- 85, 87, 107, 112, 126, 127
ROUMAIN, Jacques, 20, 29, 32, 33, 38, 42, 117, 119
SAINT-GÉRARD, Yves, 20, 23, 37, 38
SAINT-MÉRY, Moreau de, 44
SALGADO, Révérend Jean- Marie, 29
SOUFFRANT, Claude, S.J., 34
ST. JOHN, Spencer, 67
VAISSIÈRES, Pierre de, 45
VOLTAIRE, 36

BIBLIOGRAPHIE

ALCIDE SAINT-LOT, Marie-José (2003). *Vodou a Sacred Theatre*
EducaVision, Inc. Coconut Creek, Florida.

ALEXIS, Jacques Stéphen (1957). *Les Arbres Musiciens*.
Editions Fardin, 1986, Port-au-Prince, Haïti.

ARMAND, Margaret Mitchell (2013). *Healing in the Homeland*.
Lexington Books, Lanham, Boulder, New York, Toronto, Plymouth, (U.K).

BASTIDE, Roger (1967). *Les Amériques noires. Les Civilisations africaines dans le Nouveau Monde.*
Payot, Paris, France.

BEAUVOIR, Max (1988). Dans: *Voodoo in the 20th Century*. Interview vidéo accordée à Mme Camille Lownds Benedict. Fama II productions.

BELLEGARDE-SMITH, Patrick (1990). *Haiti. The Breached Citadel*.
Westview Press, Boulder, Colorado.

BENEDICT, Camille Lownds (1988). Interview vidéo accordée par Ati Max Beauvoir pour 'Fama Productions'.

BIJOU, Legrand (1966). « Aspects psychiatriques du Vodou haïtien ».
Dans : *Études sur le Vodou, Sondeos*, No. 2 : 62-68.

BENJAMIN, René S. (1976). *Introspection dans l'inconnu*.
French Printing Publishing Company, N.Y.

BERNADIN, Frantz (2007). « Crise de Possession dans le Vodou ».
Dans : *Port-Salut Magazine*, 27 août 2007.

BILLAMN, France (1977). *Corps et possession*.
Gauthier-Villars, Paris, France.

COMHAIRE-SYLVAIN (1938). *À Propos du vocabulaire des croyances paysannes*.
Port-au-Prince, Haïti.

COSENTINO, Donald J., editor (1998). *Sacred Arts of Haitian Vodou.*
UCLA Fowler Museum of Cultural History, Los Angeles, CA.

COURLANDER, Harold (1939). *Haiti Singing.*
University of North Carolina Press, Chapel Hill, N.C.

COURLANDER, Harold (1960). *The Drum and the Hoe. Life and Lore of the Haitian People.*
University of California Press, Berkeley, CA.

COURLANDER, Harold (1966). « Vodou in Haitian Culture ».
Dans: *Religion and Politics in Haiti.*
Institute of Cross-Cultural Research, Washington, D.C.

CRAIG, John H. (1933). *Black Bagdad.*
Balch & Co., New York.

CROSLEY, Reginald O. (2002). « Comprendre la métaphysique du Vodou ». Dans : Leconte, *Haïti : Le Vodou au troisième millénaire.*
Les Éditions du Cidihca, Montréal, Canada.

DAUPHIN, Claude (1986). *Musique du vaudou. Fonctions, structure et styles.*
Naaman, Sherbrooke, Canada.

DAVIS, Wade (1985). *The Serpent and the Rainbow.*
Simon and Schuster, N.Y.

DAVIS, Wade (1988). *The Ethnobiology of the Haitian Zombi.*
The University of North Carolina Press. Chapel Hill, N.C.

DAYAN, Joan (1993). *Haiti, History, and the Gods.*
University of California Press, Berkeley, CA.

DENIS, Lorimer (1947). « Baptême de feu dans le culte vodouesque ».
Bulletin du Bureau d'ethnologie, Port-au-Prince, Haïti.

DENIS, Lorimer (1953). « Origine des Loas ».
Les Afro-américains. Mémoire de I.F.A.N., No. 27 : 195-199.
Dakar, Sénégal.

DENIS, Lorimer (1958). « Mariages mystiques dans le vodou ».
Bulletin du Bureau d'Ethnologie 3 (14) : 19-26.

DEREN, Maya (1953). *Divine Horsemen: the Living Gods of Haïti.*
New Paltz, N.Y.

DESCOURTILZ, Michel Etienne (1809). *Voyage d'un naturaliste en Haïti.*
Dufard, Paris, France.

DESMANGLES, Leslie (1977a). « Rites baptismaux. Symbiose du Vodou et du catholicisme à Haïti ».
Concilium, 122: 65-76.

DESMANGLES, Leslie (1977b). « African interpretations of the Christian Cross in Vodun ».
Sociological Analysis, 38 (1): 13-24.

DESMANGLES, Leslie (1992). *The Faces of the Gods: Vodou and Catholicism in Haiti.*
The University of North Carolina Press. Chapel Hill, N.C.

DESQUIRON, Lilas (1990). *Racines du Vodou.*
Deschamps, Port-au-Prince, Haïti.

DORSAINVIL, J.C. (1924). *Une explication philologique du Vodou*
Imprimerie Pierre-Noël, Port-au-Prince, Haïti.

DORSAINVIL, J. C. (1931). *Vodou et névrose.*
Imprimerie La Presse, Port-au-Prince, Haïti.

DOUYON, Emerson (1964). *La Crise de possession dans le Vaudou Haïtien*.
Thèse de doctorat, Université de Montréal, Canada.

DOUYON, Emerson (1969). « La Transe vodouesque : un syndrome de déviance psycho-culturelle ».
Acta Criminalogica : Vol 2, No. 1 : 11-70.

DOUYON, Lamarque (1980). « Les Zombis dans le contexte Vodou et haïtien ». *Haïti Santé.*
FÉRÈRE, Gérard A. (1976). « Haitian Voodoo: its true face ». *Caribbean Quarterly*, September-December, the University of the West Indies.

FÉRÈRE, Gérard A. (1979). *What is Haitian Voodoo?*
Saint Joseph's University Press, Philadelphia, Pa.

FÉRÈRE, Gérard A. (1989). *Le Vodouisme Haïtien / Haitian Vodouism.*
Edition bilingue.
Saint Joseph's University Press, Philadelphia, Pa.

FÉRÈRE, Gérard A. (co-auteur) (2002). *Haïti : Le Vodou au troisième millénaire.*
Les Éditions du Cidihca, Montréal, Canada.

FÉRÈRE, Nancy Turnier. (2005). *Vèvè: L'Art rituel* du Vodou haïtien/Ritual Art of Haitian Vodou/Arte *ritual del Vodú haitiano.*
ReMe Art Publishing, Florida.

FLEURANT, Gerdès (1996). *Dancing spirits. Rhythm and rituals of Haitian vodun, the Rada rite.*
Greenwood Press, Westport, Connecticut.

FOUBERT, Alain (1990). *Forgerons du Vodou.*
Deschamps, Port-au-Prince, Haïti.

FOUCHÉ, Frank (1974). *Général Baron Lacroix ou Le Silence masqué.*
Collection Francophonie vivante. Leméac. Montréal, Canada.

FOUCHÉ, Frank (1976). *Vaudou et théâtre : pour un nouveau théâtre populaire.*
Leméac, Montréal, Canada.

GAYOT, François (1963). « Vodou et action pastorale ».
Église en marche, numéro spécial Pastorale et Vodou : 3-14.

HERSKOVITS, Melville (éd. 1971). *Life in a Haitian Valley.*
Doubleday and Co., New York

HOFFMANN, Léon-François (1990). *Haïti :* couleurs, croyances, *créole.*
Deschamps, Port-au-Prince, Haïti.

HollY, Arthur (1918). *Les Daimons du Vodou*.
Imprimerie Edmond Chenet, Port-au-Prince.

HONORAT, Michel Lamartinière (1955). *Les Danses folkloriques haïtiennes*.
Publications du Bureau d'ethnologie, Port-au-Prince, Haïti.

HURBON, Laënnec (1972). *Dieu dans le Vaudou haïtien*.
Payot, Paris.

HURBON, Laënnec (1987a). *Comprendre Haïti. Essai sur l'État, la nation, la culture*.
Deschamps, Port-au-Prince, Haïti.

HURBON, Laënnec (1987b). *Culture et dictature. L'imaginaire sous contrôle*.
Deschamps, Port-au-Prince, Haïti.

HURBON, Laënnec. (1988). *Le Barbare imaginaire*.
Les Éditions du Cerf, Paris.

HURBON, Laënnec (1993). *Les Mystères du vaudou*.
Gallimard, Paris, France

KERBOULL, J. (1973). *Le Vaudou, magie ou religion*.
Éditions Robert Laffont, Paris.

LAGUERRE, Michel. (1972). « Le Tambour et la danse dans la liturgie chrétienne en Haïti ».
Revue du clergé africain, Novembre : 587-605.

LAGUERRE, Michel (1973a). *Nativism in Haiti. The Politics of Vodou*.
Roosevelt University, Chicago, Illinois.

LAGUERRE, Michel (1973b). « The Failure of Christianity among the Slaves of Haiti ».
Freeing the Spirits II (4): 10-24.

LAGUERRE, Michel (1974). « An Ecological Approach to Voodoo ».
Freeing the Spirits III (I): 3-12.

LAGUERRE, Michel (1979). *Études sur le Vodou haïtien.*
University of Montréal, Montréal, Canada.

LAGUERRE, Michel (1980). *Voodoo Heritage.*
Sage Publications. Beverly Hill, CA.

LAGUERRE, Michel (1989). *Voodoo and Politics in Haiti.*
Saint Martin Press, N.Y.

LAROCHE, Maximilien (1976). « The Myth of Zombi ».
Dans: *Exile and Tradition.*
Longman and Dalhousie University Press, Halifax.

LECONTE, Frantz A., (collectif) (2002). *Haïti : Le Vodou au troisième millénaire.* Les Éditions du Cidihca, Montréal, Canada.

LE RUZIC, Ignace, (1912) *Documents sur la mission des frères prêcheurs à Saint-Domingue.* Imp. Le Baron Rouge

LEYBURN, James (1945). *The Haitian People.*
Yale University Press. New Haven, Connecticut.

LOUIS-JEAN, Antonio (1970). *La Crise de possession et la possession dramatique.*
Leméac, Montréal, Canada.

MABILLE, Pierre (1953). « Pierres tonnerre, pierres à feu ».
Les Afro-Américains, Mémoire de l'I.F.A.N., No. 27 : 209-211.
Dakar, Sénégal.

MARCELIN, Milo (1949). *Mythologie Vodou.*
Les Éditions haïtiennes, Port-au-Prince.

MARCELIN, Milo (1955a). « Le Vodou, religion populaire ».
Optique 14 : 17-44 ; 17 : 45-51 ; 19 : 47-50.

MARCELIN, Milo (1956). « Écrivains étrangers et le vodou ».
Optique 32 : 53-57

MARS, Louis (1952). « La Crise de possession dans le vaudou ».
La Vie médicale. Paris.

MARS, Louis (1953) « Nouvelle Contribution à l'étude de la crise de possession ».
Les Afro-Américains, Mémoire de l'I.F.A.N., 27 :215-233.
Dakar, Sénégal.

MARS, Louis (1964). « La Crise de possession et la personnalité humaine en Haïti ».
Revue de la Faculté d'ethnologie, 8 : 37-62.

MARS, Louis (1976). « Une Nouvelle étape dans la réflexion sur les théolepsies en Haïti ».
Le Nouvelliste, 30 avril – 2 mai 1976, Port-au-Prince.

MAXIMILIEN, Louis (1945). *Le Vodou haïtien.*
Imprimerie de l'État, Port-au-Prince.

McALLISTER, Elizabeth (éd.) (1997). *Angels in the mirror. Vodou music of Haiti.* Avec disque compact.
Ellipsis Arts, Roslyn, N.Y.

McCARTHY-BROWN, Karen (1991). *Mama Lola, a Vodou priestess in Brooklyn.*
University of California Press, Berkeley, California.

MENNESSON-RIGAUD, Odette (1946). « The Feasting of the Gods in Haitian vodou ».
Primitive Man, XIV (1-2): 1-58

MÉTRAUX, Alfred (1953a). « Les Croyances animistes dans le vaudou haïtien ». *Les Afro-Américains, Mémoire de l'I.F.A.N,* No. 27 : 239-244.

MÉTRAUX, Alfred (1953b). « Médecine et vaudou en Haïti ».
Acta Tropica, 10 (1) : 28-68.

MÉTRAUX, Alfred (1956) « Les Dieux et les esprits dans le vaudou haïtien »
Société suisse des américanistes, 10 :2-16 ; 11 : 1-19.

MÉTRAUX, Alfred (1958). *Le Vaudou haïtien*.
Gallimard, Paris.

MICHEL, Claudine (1995). *Aspects éducatifs et moraux du Vodou haïtien*.
Imprimerie Le Natal, Port-au-Prince, Haïti.

MONTILUS, Guérin (1966). « La Pratique religieuse dans ses dimensions historiques et sociologiques ».
Études sur le Vodou. Sondeos, 2 :33-20.

PARISOT, Révérend Jean (1956). « Vodou et christianisme »
Dans : *Des Prêtres noirs s'interrogent*. Éd. Du Cerf : 55-67.

PAUL, Emmanuel C. (1962) *Panorama du folklore haïtien. Présence africaine en Haïti*.
Imprimerie de l'État, Port-au-Prince, Haïti.

PETERS, Révérend Carl Edward (1941). *Lumière sur le vodou*.
Chéraquit, Port-au-Prince, Haïti.

PETERS, Révérend Carl Edward (1956). *Les Services de loas*.
Imprimerie Telhomme, Port-au-Prince, Haïti.

PETERS, Révérend Carl Edward (1960) *La Croix contre l'asson*.
La Phalange, Port-au-Prince, Haïti.

PIERRE-LOUIS, Patrick et Menan, 2008
Annotation du Code Pénal.

PLANSON, Claude (1974). *Un Initié parle*.
Edition Jean Dullis, Paris, France.

POMPILUS, Pradel (1966) « Le Vodou dans la littérature haïtienne ».
Études sur le Vodou, Sondeos, No. 2 : 69-83.

PRICE-MARS, Jean (1928a). *Ainsi parla l'oncle*.
Leméac, Montréal, Canada.

PRICE-MARS, Jean (1928b). « Le Sentiment et le phénomène religieux chez les nègres de Saint-Domingue ».
Imprimerie de Compiègne, Paris, France.

RIGAUD, Milo (1953). *La Tradition voudoesque et le voudou haïtien.*
Niclaus, Paris.

ROUMAIN, Jacques (1942). « À Propos de la campagne anti-superstitieuse ».
Imprimerie de l'État, Port-au-Prince.

ROUMAIN, Jacques (1943). « Le Sacrifice du tambour assotor ».
Publications du Bureau d'Ethnologie, Port-au-Prince.

SAINT-GÉRARD, Yves (1992). *Le Phénomène zombi: la présence en Haïti de sujets en état de non-être.*
Editions Eres, Toulouse, France.

SAINT-MÉRY. Moreau de (1797). *Description typographique, physique, civile, politique et historique de la partie française de l'île de Saint-Domingue.*
Philadelphie, E.U.

SALGADO, Révérend Jean-Marie (1963). *Le Culte africain du vodou et les baptisés en Haïti.*
Urbaniana, Rome.

SOUFRANT, Claude, S.J. (1969). Vaudou et développement chez Jean Price-Mars. *Présence Africaine*, 3ème Trimestre: 9-18

ST. JOHN, Spencer (1884). *Hayti or the Black Republic.*
Smith, Elder and Co., Londres.

TROUILLOT, Hénock (1970). « Introduction à une histoire du vodou ».
Revue de la Société haïtienne d'histoire, de géographie et de géologie.
34 : 33-182.

VAISSIÈRE, Pierre de (1909). *Saint-Domingue 1629-1789 La Société et la vie créole.*
Perrin, Paris.

BIOGRAPHIE DE L'AUTEUR

Né au Cap-Haïtien, Gérard Alphonse Férère, fit ses études classiques à Port-au-Prince, entièrement sous la direction de son père, l'éducateur Alphonse Murville Férère. Après l'obtention de son baccalauréat, il gagna, par voie de concours, une bourse offerte par le gouvernement du Venezuela pour étudier à leur Académie Navale. À son retour au pays, il servit pendant quatre ans comme officier de marine sous le gouvernement Magloire, et fut limogé par François Duvalier en 1958. Férère et sa femme Nancy durent prendre l'exil en Mai 1963, quand le Président, fou de rage après un soi-disant attentat contre la vie de ses enfants dont la paternité fut attribuée à tort au lieutenant François Benoît, ordonna le massacre de nombreuses personnes dont les familles Benoît et Edeline. Duvalier profita pour ajouter à sa liste les noms d'un grand nombre d'anciens officiers, présumés complices ou au courant d'un complot avorté organisé en avril par les colonels Lionel Honorat, Kern Delince et Charles Turnier.

Aux États-Unis, Férère poursuivit des études supérieures à l'Université de Villanova et à l'Université de la Pennsylvanie jusqu'à l'obtention du doctorat en linguistique. Il est Professeur Émérite à Saint Joseph's University, université jésuite de Philadelphie, où il a enseigné pendant 34 ans. Pendant toutes les années passées aux États-Unis, Férère est resté actif dans les milieux culturels et politiques haïtiens de la diaspora, en publiant des ouvrages ou des articles, en prononçant des conférences, en donnant des interviews à la télévision et à la radio. Il est membre de plusieurs organisations patriotiques haïtiennes de la Diaspora et fondateur de la « Coalition for Haitian Concerns » de Philadelphie. Les Férère résident actuellement à Boca Raton, Floride.

www.ingramcontent.com/pod-product-compliance
Lightning Source LLC
Chambersburg PA
CBHW071440160426
43195CB00013B/1971